汽車ポッポ判事の鉄道と戦争

ゆたかはじめ

弦書房

〔本扉写真〕
戦前の時刻表、昭和19年6月号（東亜交通公社）

目次

【第四列車】

はじめに

銀杏《いちょう》の黄葉が美しくなるころ、復元したばかりの東京駅の前に立った。大正三年に竣工した当時そのままに、赤レンガ造りの三階建て、左右にドームをもつ堂々たる駅舎である。ふと子供のころ、この前を路面電車が行き来していた風景を思い出した。

かつて、ここからほど近い霞ヶ関の中央に、東京駅と同じ赤レンガ造りで大きなドームをもつ大審院《だいしんいん》があった。今の最高裁に当たるもので、明治二九年に建てられ、日本の近代国家入りを世界に示した歴史的な建造物である。隣の赤レンガの司法省と比べても、はるかに立派な建物だった。その前にも路面電車がチンチンと音を立てて走っていた。

この二つの豪華な建物は、戦前の首都東京を代表するシンボル的な建物であったが、いずれも昭和二〇年、太平洋戦争末期の東京大空襲により、相次いで炎上してしまったのである。

まず大審院が、三月一〇日の大空襲で焼け落ちた。翌朝、電車も止まっている中、父と私が小石川から歩いて焼跡に駆けつけたときは、まだ、隣の司法省と共に、熱い炎と煙がくすぶり続けていた。

この建物は戦後、焼け残った赤レンガの壁を利用して改修し、ドームのない旧最高裁庁舎として長く使われた。しかし老朽化が激しく、昭和四九年に現在の最高裁が三宅坂に完成すると、復元されることなく壊されてしまった。今その跡には、私が現役の最後を過ごした東京高裁が建っている。

一方、東京駅は五月二五日の大空襲で炎上した。このときは我が家も丸焼けとなり、私は火の粉を被って夜の東京を逃げ惑った。数日後、私は罹災者の一人として、ドームの焼け落ちた無惨な東京駅を目の当たりにする。列車は品川から出ているとのことで、さらに品川駅まで歩き、ここから父の赴任先長崎に向かい、汽車に乗った記憶がある。

この建物は、これまた戦後、焼け残った赤レンガの外壁を使い、二階建ての八角屋根に改修され、長く駅舎としての役割を果たしてきた。これが平成二六年、元の姿に見事復元したのである。

戦争が終わって七〇年。時代も昭和から平成へと移り、平和に慣れて、いくさを知らない世代が増えてくると、戦前の東京の暮らし、戦争中の国民の姿、終戦後の世相さえ、どんどん忘れ去られていく。

私は、昭和の初め東京のど真ん中に生まれ育ち、戦時中を学徒として東京で過ごし、戦後は東京を中心に長く判事をつとめた。定年後の今は沖縄に移住し、もう二三年になる。その間、大好きな鉄道とともに、激動の昭和を生き抜き、戦後は全国の鉄道をくまなく乗り歩いた。日本の鉄道もまた、戦前の平和な時代を走り、戦争に翻弄《ほんろう》されながら、今日まで使命を果たしてきたのである。その姿を今の鉄道ファンを含む多くの人に伝え、知っていただきたいと思う。鉄道の専門家でもオタクでもないが、波乱に満ちたいくさの時代を、鉄道の「語り部」として描いてみるのもいいではないか。

記憶のレールを辿る回想列車は、昭和初期の東京風景という、のどかなプラットホームから発車しよう。

【第一列車】

昭和生まれの電車少年

1号車　チンチン電車と小学生

東京駅から二つ目のお茶ノ水駅。神田川のほとり、ニコライ堂やビルが建ち並ぶ中を、ＪＲ中央線や総武線の電車が行き交い、東京メトロ丸の内線が地下からちょっと顔を出して走る。都民にはおなじみの風景である。

昭和三年（一九二八）三月八日、私はここ神田の駿河台にある浜田産婦人科病院で、父石田壽《ひさし》、母高子の長男として生まれた。戸籍にもそう書かれているから、レッキとした神田生まれである。本名は石田穰一《いしだじょういち》。でも育ったのは神田ではなく、すぐ隣の小石川区、今の文京区小石川竹早町であった。春日《かすが》通り沿いの、桜並木が美しい環三通りからちょっと北に入った住宅街である。

我が家のすぐ前は、石川啄木終焉《しゅうえん》の地である。今はその場所に案内板があるが、当時はまだそんなものはなく、後になって父から聞いて知った。

ふるさとの訛《なまり》なつかし停車場の人ごみの中にそを聴きにゆく

上野駅にある啄木のこの歌碑を見ると、昔の鉄道駅の情景が思い出される。何だか汽車ポッポの煙の匂いがし、汽笛の音まで聞こえてくるようだ。

私はこの小石川で、鉄道とは何の関係もないごく普通の家庭に生まれ、昭和の子供として育った。父は東京で判事をしており、祖父も昔福岡で判事や弁護士をしていた。両親からは、私が二歳のとき家族で南九州の旅をしたと聞かされていた。古い写真を見ると、宮崎青島の海岸で、母や祖母のそばで遊ぶ小さな私と思われる姿が写っている。そうだとすると、そのころ福岡にいた祖母を訪ね、東京から九州まで鉄道の初長旅をしているわけだが、そのときのことは何も覚えていない。

電車のことを記憶しているのは、幼稚園、小学校のころからだろうか。

「ナット　ナットー　ナットー」「金魚～エ　金魚」

納豆売りや金魚屋の呼び声や、お豆腐売りの吹くラッパの音がどこからともなく聞こえてくる。そんな中で育てられた私は、泣き虫で気の弱い坊ちゃんであった。家のそばには竹早尋常小学校があり、その横のゆるい坂道を登っていくと、「電車通り」と呼んでいた広い道路に出る。坂の途中にあるお蕎麦《そば》屋さんから、出前のもりそばや、かけそばをよく取っていた。ときには奮発して、天丼を出前してもらうこともある。香ばしいゴマ油で揚げた濃い色の厚い衣が細いエビを包んでいたが、これは私にとって何よりのご馳走だった。電車通りの近くには、床屋さんがあり、ここで毎月一回、オカッパ頭に刈り揃えてもらうのである。また急に熱が出たとき往診をお願いする医院もあった。今と違って救急車なんか来てくれない。お医者さまは優しい人で、自家用の人力車に乗り毛布をまとって家まで往診して下さった。

電車通りに出ると、さすがに賑やかで、木造の町並みが続いていた。今は「春日《かすが》通り」と呼ばれて高層ビルが建ち並んでいるが、そのころは民家に混じって小さなお店がポツポツとあるだけ。魚屋、八百屋、鳥肉屋、寿司屋、文房具店などのほか、ふとん屋やおせんべい屋もあった。店先で手焼きする醤油の香りが辺りに漂う。ここのおせんべいは固さも手ごろで滅法おいしく、これにこっそり、バターをちょっとをつけて食べるのが、私の一番好きなおやつであった。駄菓子とかき氷のお店もあったが、「おなかをこわすといけない」といって母は入れてくれなかった。

こんな電車通りを、チンチンと音を鳴らして緑色の路面電車がゴトゴト走って行く。車掌さんがひもを引いて運転手さんに合図をする小さな鐘の音だ。チンチンと二つ鳴らせば発車、チンと一つのときは停止である。もちろん電車は木造で、屋根は二段になっていたと思う。道路を走る自動車がまだ少なく、いつもすいているから、電車は通りの真ん中を堂々と走れる。目につくのは「大塚駅」行きの電車で、正面窓の右下に系統番号を示す⑯か⑰と書いた四角い板をつけている。まだ東京市のころで、路面電車は「市電」と呼ばれていたが、これが実に四〇系統ほどもあり、市内を網の目のように結んでいた。大塚駅行きはその中の⑯番と⑰番の系統路線だったのである。道路端に立つ電信柱のような濃い緑色の柱が停留所で、停留所名を書いた赤い看板のようなものが取り付けられていた。最寄りの「清水谷町《しみずだに》」停留所が、私を鉄道の世界へ誘ってくれた乗車口であった。

そのころの東京は、バスや、円タクと呼ばれるタクシーも走っていて、たまに乗せてもらうこともあったが、普段のお出かけはいつも市電と決まっていた。一番よく出かけたのが大塚である。山手線《やまのて》の大塚駅を中心に、デパートや商店街があり、屋根の丸い「王子《おうじ》電車」という今の都電荒川線も走っていた。この王子電車に乗って終点の赤羽まで行き、荒川堤の土手でつくしを沢山採ったこともある。そのころの大塚は、まだ市電が走っていなかった池袋よりも、賑やかな感じであった。

スーパーやコンビニなんてない時代のこと、毎日のお買物は近所ですませるが、ちょっとしたお買物があると大塚まで行く。母がよく連れて行ってくれた。このとき大好きな市電に乗れるのである。大塚まで一五分ほどであったろうか。大塚辻町を過ぎ、終点が近づくと、キップやお金の入ったカバンを提げた車掌さんが、早めに車内を回りキップを集めてしまう。これが不思議でならなかった。まだ途中なのに、どうして終点まで待てないのだろう。

大塚駅前の終点ではちょっとしたショーが見られた。電車が向きを変えて走るため、架線から電気を取るポールという細長い棒を、車掌さんがひもを引いて操作する。ポールは前と後ろに一本ずつついていて、今まで走ってきた後ろのポールを降ろし、前のポールを上げて先端の小さな滑車を架線にはめる。そのときパチパチと電気の火花が散るのだ。これが怖くもあり、面白くもあって、しばらく見とれるのであった。ポールは電車の型によっては二本ついていたのもあったように思う。大塚でのお買物がすむと、焼きそばやシュウマイを買って帰るのがお決まりで、これを楽しみに、買物中はおとなしくしていた。

大塚の帰りは、買物の都合で一つ手前の大塚車庫前から乗ることもあった。ここは電車のたまり場で、車庫からひっきりなしに出たり入ったりする。しばらく見とれて動かないので、母を困らせた。

少し大事なお買物になると、清水谷町から大塚とは反対方向、⑰番の系統「厩橋《うまや》」行きに乗って上野広小路の松坂屋に出かける。このコースは景色が移り変わり、大きな坂を何度も上り下りするので、とても楽しかった。まず伝通院《でんづういん》前を通り、富坂を下って春日町《かすがちょう》に着く。ここには巣鴨《すがも》からやって来る⑱番系統の電車が横方向に走っていた。ここからは、本郷台地へ真砂《まさご》坂を上り、本郷三丁目へと向かう。そして湯島天神脇の切り通し坂をまた下って、山の手から下町の上野広小路に辿り着く。どの坂もかなり急で、登るときはモーターの音が一段と高まり、辺りに響く。あんな坂道よく登れたなと思う。子供にとっては、小さな旅とも思えるほど面白く、いつも運転席の横に立ったまま前を見つめるのであった。

坂の上にさしかかると、電車は一旦停止する。ブレーキが効くかどうか確かめるのだろう。スタンスを取ってから、おもむろに坂を下り始めるのだが、この気分がたまらなかった。運転手さんは自信をもった面持ちで、ブレーキを操作する。お客さまの安全はこの私にお任せ下さい、という緊張感と気構えが、子供心にも伝わってくる。この操作で車内にちょっとした安心感が漂う。将来は市電の運転手になりたいと思うようになったのも、この姿からであった。近ごろは、航空機の離陸でさえこの緊張感が薄れてきたようだ。

上野広小路は、別世界のように大きく、賑やかな交差点であった。日ごろ見慣れている⑯番、⑰番系統の電車とは違った形の市電が沢山走っている。松坂屋の屋上庭園には、かわうそが飼ってあり、餌のどじょうをやってから、大食堂に寄るのが楽しみであった。当時ライスカレーと言ったカレーライスは、子供には辛いといって食べさせてもらえず、チキンライスが多かった。でも折角ならオムレツに包まれたオムライスがいいと、ねだることもある。私はクリームソーダとか、あんみつとか、二つのものが一緒に食べられるものが好きだった。かつカレーはまだなかったと思う。

もっと大事なお買物があるときは、日本橋の三越に行く。このとき乗る市電は⑯番の路線、この系統は⑰番と春日町で分かれ、水道橋、神保町《じんぼう》を通り、今の外堀沿いに数寄屋《すきや》橋、さらに新橋駅北口まで行っていた。この路線は⑰番系統ほどの風情はなかったが、東京という大都会の真ん中を進んで行く市電の顔は、誇りに満ちていた。街なかを通るので、景色が見たい。運転台の横が塞がっていると、車内の座席に腰掛けるしかない。座席は両側の窓に沿ったロングシートで、子供が普通に座ると外の景色が見えないのである。そこで背もたれの方を向き、膝を立てて座る。そうするとやっと窓から外の景色が見えた。

「靴を脱ぎなさい。お客さまの迷惑になります」と母からいつも注意される。母だけでなく、車掌さんからも注意されたことがある。よほどこたえたのだろう、それからは靴を脱ぐようになった。車掌さんはそれほどの威厳のある存在で、カッコよかった。日本銀行の前で降りれば三越はすぐ。お買物がすむと、「三越」の小さな旗を立てたお子様ランチが食べられる大食堂に向かうのであった。

日本一の銀座だって市電で行ける。⑯番系統に乗って数寄屋橋で降りれば、歩いてすぐである。時計台と柳の並木がとてもハイカラだった。銀座通りを行く市電はちょっと取り澄ました感じで、形もいろいろ、さすが銀座だと感心したものである。市電にはそれぞれ顔がある。角張った顔、丸みを帯びた顔、面長の顔、顎を突き出した顔、気取った顔、威張った顔……。銀座を走る市電に比べると、⑯番、⑰番系統を走る電車は、どちらかというと面長で渋い顔をしていた。

道路の真ん中、レールのそばには「安全地帯」という、少し高くなった細長い島のような場所があって、電車に乗り降りするときにはここを使った。電車はひっきりなしにやって来るから、ほとんど待つことがない。床が高いので、乗り降りに階段はあったが、とにかくどこへ行くのも便利なのである。

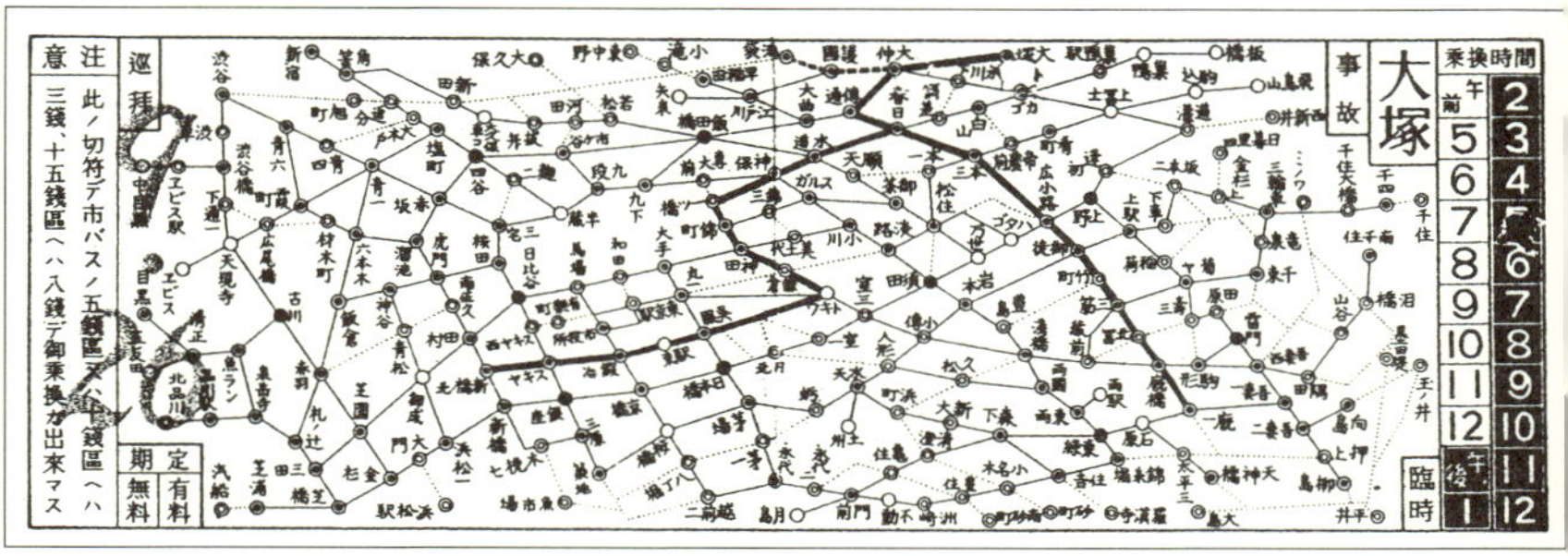

東京都電乗換切符（市電当時もほとんど同じ）

料金は大人が七銭均一であった。お金を払うのは母なので、子供料金がいくらだったかは覚えてない。乗り換え切符というのがあって、横長の紙に東京中の市電の路線図が書かれている。車掌さんに、どこで乗り換えどこまで行くと言えば、その路線図にパチンパチンとパンチを入れてくれる。これで東京中どこまで乗っても同じ料金で行けた。あの赤レンガの東京駅に行くのには新常盤《ときわ》橋、新宿や渋谷には神保町、浅草には上野広小路で乗り換えればいいのだ。食通の父に連れられて、築地市場のおいしいお寿司や焼きとりを食べに行ったときも、数寄屋橋で乗り換えた。市電は市民の足として力強い味方であった。

朝早く七時までに乗れば「早朝割引」がある。確か五銭で、往復九銭だった。割引中の電車正面の窓には「割引」と書いた札をぶら下げていた。早起きしてこれに乗ると、ちょっと良いことをしたような気分になった。反対に、子供だから夜の電車に乗ることは滅多にない。一度何かの集まりで帰りが遅くなり、眠い目をこすりながら深夜の市電に乗ったことがある。行先板の電気が赤い色になっていた。終電の「赤電車」で、不気味な気がして怖かった。

今日は花電車が走る日だと思うと、朝から落ち着かなかった。何かのお祝いごとがあると、何時ごろ大塚方面行きの花電車が通る、というお知らせがある。少し早めに電車通りに出て、ドキドキしながら花電車が来るのを待つのである。電車通りはもう人が一杯集まっている。その中を、待ちに待った花電車が、パレードのように五台ほど並んでやって来た。電車は花や電球で飾られ、きれいなおねえさんやピエロが乗り、宣伝用の看板や細工が動いたりしてとても楽しい。アッという間に通り過ぎて、あとはもとの電車通りに戻るのであった。

こんな市電がよほど好きだったのだろう。幼稚園のころから、四角に切ったボール紙に⑯とか⑰とか系統番号の数字をクレヨンで大きく描き、首からぶら下げて遊んでいた。浅草で買ってもらったブリキ製の電車や汽車のおもちゃは、私にとっては宝もの。障子《しょうじ》をはめる敷居の溝をレールに見立て、積み木を動かして電車遊びをしていた。大塚駅前の終点折り返しの気分を味わうのである。

私が通っていた東京高師附属小学校は、我が家から歩いて一五分くらいのところにあった。学校の往き帰りには友だちと縄ひもを持って電車ごっこをするのである。街角のところどころに架空の停留所を決め、私の作った切符や定期券を友だちに配る。楽しい通学遊びだったが、あだ名は「電車」とつけられた。

ところがある日、母と親子で担任の先生に呼び出され、「電車好きもいいが、君のはちょっと度が過ぎる。もう少しつつしむように」と注意されたのである。その先生の言いつけも守らず、私の電車好きはますますエスカレートしていくのであった。

友だちの中には、遠くから市電で通ってくる人もいる。セルロイド製のパス入れに定期券を入れ、ひもで首から提げて胸ポケットに収めているのである。電車で毎日学校に通えるなんて、何とうらやましいことだろう。歩いて学校に通う私にとっては、あこがれの姿であった。

それが思いもよらぬことから実現した。昭和一一年（一九三六）二月、父が二・二六事件直後の総理大臣、広田弘毅《こうき》首相の秘書官になったからである。学生のころから広田さんに目をかけられていた父は、すぐにお引き受けをした。首相秘書官は父を含めて二人、仕事の都合で麹町《こうじまち》永田町にある首相官邸隣の秘書官官舎に住まなくてはならない。早速家族ぐるみで引っ越した。そして私は附属小学校のある文理科大学前まで、市電で通学することになったのである。こんな嬉しいことはない。これこそ広田さんのお陰だ。

電車通学をしていたころの著者
（首相官邸で）

通学のコースは、⑩番の系統を使う内掘回りと、㉝番系統を利用する外堀回りの、二通りあったが、どちらも二度乗り換えることになる。両方試した上で、定期券で通うのは外堀回りに決めた。溜池から赤坂見附を通り、外堀に沿って行く。半蔵門までは、道路から離れ市電専用の軌道を走るので、すごく景色がいい。しかもこの路線を走る㉝番系統の電車は、マッチ箱のように小さい古いタイプの単車で、顔が可愛かった。チンチンガタゴトとよく揺れる。立つお客がつかまる吊り革も、それに合わせてブランブランと揺れるのが面白かった。お堀端の桜や松の緑、赤坂離宮迎賓館前の紅葉、当時は宮城《きゅうじょう》といった皇居の雪景色と、四季の移り変わりを感じながら、毎日電車に乗って学校に通ったのである。

あこがれの定期券をひもでぶら下げ、車掌さんにちょっと見せるだけで乗り降りができる。飯田橋と水道橋と二度も乗り換えるのに、市電のおかげで、気の弱い小学三年生が一人でも安心して通学できたのである。もうオカッパ頭をやめて丸坊主になっていたから、何だか少し大人になった気分であった。

外交官出身の広田さんは、「国を興すのは軍事力でなく、外交の力だ」と協和外交の大切さを言い続けたため、軍部からとても嫌われ、内閣は一年足らずの短命に終わった。その間私は広田さんからよく可愛がられた。その思い出とともに電車通学も終わりを告げたのである。翌年二月までの短い間であったが、いい経験をし十分に満足した。

市電に親しめば親しむほど、カッコイイ運転手や車掌さんの姿にあこがれる。でもできるなら車掌よりも、大きな電車を動かす運転手になりたいと思った。また車内に掲げられた路線図を見ながら、いつかこの全路線を乗ってみたいと、子供心に冒険心もわいてくるのであった。しかしこれは小学生一人ではちょっと怖い。市電の運転手になることも、最盛期の市電全路線に乗ることも、とうとう果たせないで終わってしまった。

昭和六年（一九三一）の満州事変、昭和七年（一九三二）の五・一五事件、そして昭和一一年（一九三六）の二・二六事件と、国の内外にきな臭い気配が漂っていたはずだが、子供には関係なく、昭和の世はまだのどかであった。大相撲は玉錦、双葉山の全盛時代である。もちろんテレビなんかまだなく、ＪＯＡＫ、今のＮＨＫラジオから流れる実況放送に胸を躍らせた。両力士の活躍ぶりは、戦前の両国国技館で何度か見ている。双葉山が六九連勝で止まったとき、勝ち続ける人もいつかは負けると思い知らされた。同じ受信機からは、ラジオの村岡花子さんの声が流れ、深夜かすれかすれに「前畑がんばれ」のオリンピックの声がベルリンからはるばる聞こえてくる、そんなよき時代でもあった。

2号車　郊外電車でお出かけ

ある日、三越からの帰りに、上野広小路まで初めて地下鉄に乗った。地下鉄はまだ珍しく、浅草と新橋を結ぶ一本だけしかなかった。栗色の電車が多かったそのころ、地下鉄は黄色で、何だかいかめしい顔をしていた。乗り込んでも外の景色が見えないのでつまらない。運転台の横から前を見ると、暗いトンネルがどこまでも続いていた。「ここが神田川の真下よ」と母から言われたときには、川の水が流れ込んできはしないかと、本気で心配した。市電よりずっと速いし、冷房装置もないのに地上に比べてとても涼しく、これが地下鉄一番のウリであった。

我が家から浅草に行くのには、上野広小路から地下鉄に乗ると早かった。地下に下りていくとゴーゴーというすごい音が聞こえ、風も吹き上げてくる。ちょっと怖い。地下鉄の吊り革は、電車が揺れてもブラブラ揺れないようにバネで固定され、はね上げ式になっていた。浅草では、観音様にお詣りしたあと、小さな遊園地「花やしき」に行った。子供でもあんまり怖くないゴンドラとかカップみたいなもので遊べたからだろう。また父は、ソース焼きそばとか、モツ煮込みなど、おいしいものをいろいろ食べさせてくれた。終点の浅草駅では、左右二つのプラットホームから交互に電車が出るのが、子供心に気になった。ゆっくりしていると乗ろうとする電車が出てしまい、隣のホームに行かなくてはならないのだ。これは今も変わらない。プラットホームも、昨今は略してホームと言うようになった。

地下鉄が新橋から渋谷まで延びたときには、早速乗りに行った。終点渋谷駅の少し手前で、いきなり地下から地上三階に飛び出すのである。これが面白く、表参道駅との間を何回か繰り返し往復した。渋谷駅は、降り乗りが別のホームになっていた。

幼稚園や小学校の芋掘りでは、東京郊外の学校農園に出かけた。田無《たなし》にあったころは、高田馬場から出ている西武電車で、中村橋や保谷《ほうや》に移ってからは、池袋から出ている武蔵野電車、今の西武池袋線に乗って行くのである。そのころ池袋はまだ市電がなかったので、大塚駅行きの電車を大塚辻町で降り、池袋行きの「青バス」に乗り換えるのだ。青バスの乗り場は小さいビルの中にあり、向きを変えるため円い鉄板のターンテーブルがあって、バスがビルに入ると、グルリ回されるのが楽しかった。

池袋は、まだ盛り場といえるほどの街ではなく、今の賑わいからは想像もつかないだろう。武蔵野電車の沿線には有名なテーマパーク「豊島園」があり、家族揃ってよく遊びに出かけた。池袋を出るとすぐ「上《あが》り屋敷」という駅があり、また「江古田」はエコダでなくエゴタと言っていた記憶がある。練馬《ねりま》から先、線路が単線の一本となるのが東京では珍しく、向こうから電車が来るのをワクワクしながら待つのである。そうしないと電車がぶつかってしまうと聞かされ、なるほどと思った。

豊島園の目玉はウォーターシュート。小さい船がレールの坂を勢いよく下って池の中にジャボーンと飛び込むのだ。これもレールの上を走るから鉄道の仲間かな。みんなキャーキャー叫び声をあげて楽しんでいたが、弱虫の私は怖くて尻込みをした。それでも何度か乗って恐怖の悲鳴を上げたことがある。

武蔵野電車には、関東では珍しいボックス型クロスシートの車両があった。滅多に来ないのだが、それに乗りたくて何本も電車を見送ったことがある。結局待っても来ないので諦めた。一度は父と飯能《はんのう》の天覧山までハイキングに出かけた。池袋からずいぶん遠くまで来たものだ。入間《いるま》川の辺り、狭山《さやま》台地から遙かに広がる武蔵野の眺めがよく、乗っている電車が小さく感じられた。スピードがとても速く、車体がまるで浮くように感じられた。今も秩父行きの特急レッドアローでここを通ると、僅かに昔の面影が残っていて懐かしい。

郊外電車で行く行楽に、成田山詣でがあった。信心というわけでもないのに、家族連れで折にふれてはよく出かけた。上野公園の西郷さんの銅像のある丘の下から京成《けいせい》電車に乗り込む。日暮里《にっぽり》の手前まではトンネルの中を抜ける。地下鉄でもないのに、どうしてだろうと不思議に思ったものである。「博物館動物園」という何だかぜいたくな名前の駅まであった。いくつもの川を渡り、街を越え、畑を進み、大きな沼のそばを走る。かなりの長丁場だったが、少しも退屈することがなかった。

終点成田駅からは、古いタイプのチンチン電車が短い距離を走っていて、これに乗るのが楽しみの一つでもあった。この電車の終点が成田山新勝寺《しんしょうじ》である。池にはいつも亀が甲羅干しをしていた。護摩《ごま》を焚いていただいたこともある。本堂の中で真っ赤に燃え上がる炎を見て、火事になったらどうしようと不安になった。お参りのあとお守り札をいただき、帰りは門前町の坂を登り、ゆっくり成田駅まで歩く。途中の食堂で天丼やうなぎを食べ、栗羊羹をお土産に買うのがおきまりのコースだ。成田空港までスカイライナーで飛ばす今では考えられないほど、のどかな行楽だった。

　父と箱根に行くとき、小田急に乗ったことがある。今は何でも言葉を略してしまうのが当たり前だが、その当時、小田原急行電鐵を「小田急」と略して呼んでいたのは、子供心にも何と新鮮でハイカラに響いたことか。しかし長い道中の景色は、京成電車ほどではなかった。それでも右手に大きな山が迫ってくると、箱根に近づいたなと嬉しくなる。強羅《ごうら》から早雲山《そううんざん》のケーブルに乗ったのはよく覚えているが、肝心の箱根登山鉄道の記憶が抜けているのは、どうしたことだろう。芦ノ湖畔で食事をし、長尾峠をバスで越えて御殿場《ごてんば》に出たから、帰りは御殿場線回りだったのだろう。

日本国有鉄道石田駅の木製看板（日田彦山線）

　小田急は、学校で習った二宮金次郎の生誕地を学習するために、友だちと一緒にまた乗っている。途中に「愛甲石田」という小さい駅があり、石田という自分の名前が使われているのを見て嬉しかった。何でも、福岡に住む親戚のおじさんの話によると、北九州小倉の近くにズバリ「石田」駅があるという。それを知っていつか行ってみたいと思っていたが、その後初めて石田駅を訪ねたとき、立派な木製の駅名看板が掲げられているのを見て感激している。その日は、栢山《かやま》で降りて酒匂川《さかわがわ》の堤を歩いたりした。戦後早々とロマンスカーを走らせたこの路線を通ると、いつも小学生のころを思い出す。

親戚のおじさんがゴルフをやるというので、両家の家族連れで出掛けたことがある。このとき京王《けいおう》電車に初めて乗った。乗り降りするときステップの板が開いたり閉まったりするのが面白く、見とれたものである。後にチューリヒの市電で同じようなステップを見たとき、あのころの京王電車を思い出した。ゴルフ場は高幡不動あたりだったと思うが、場所はよく覚えていない。一日かけて一ラウンドをゆっくりと、家族も一緒に回るのである。お昼になると丘の上の木陰で、おばさん手作りのお弁当をいただいた。鮭で作ったピンク色のかまぼこがおいしかった。昭和初期の、まことにのどかなゴルフ風景であった。

東横《とうよこ》電車は乗る機会がなかったが、あるとき友だちの家に呼ばれて「並木橋」駅まで、たった一駅乗ったことがある。渋谷と代官山との間にあった駅だが、いつの間にか消えてしまった。初めての電車に一駅でも乗るのは、子供にとってちょっとした冒険である。渋谷駅からはいろいろな電車が出ているので、東横電車の乗り場に辿りつくまでが大変だった。

これら郊外電車に比べ、鉄道省が走らせていた省線電車は何だか威張っているように思えた。戦前の東京は、一周する省線の山手線でしっかり固められ、その内側は、一本の地下鉄と、市電しかなく、郊外電車はみんな山手線の駅から出発していたのである。

市電で大塚に出ると山手線が見える。新宿に行くのにはよく乗ったが、この電車が東京中をグルッと回ってまた大塚に戻ってくるのを知ったときには、ちょっと驚いた。といっても一回り続けて乗ることはないので、南半分は未知の世界である。あるとき誰かが、山手線の駅の名前を覚えるには食堂の品物を並べるといい、と教えてくれた。

「腹すく」(原宿)、「しぶ茶」(渋谷)、「エビス」(恵比寿・ビール)、「マグロ」(目黒)、「ご飯だ」(五反田)、「お酒」(大崎)、「品切れ」(品川)

あとで知ったが、この覚え方は当時わりとポピュラーに流行していたらしい。

それから山手線全部の駅の名前を言えるようになり、南半分も探検したくなったのである。初めて一周したときには、感激した。原宿駅の近くにもう一つ、天皇陛下が汽車に乗るときだけ使うホームがあるのにも気がついた。鶯谷というすてきな名前の駅もあった。そういえば、戦後しばらくは、小石川の我が家の庭にも、うぐいすが来て啼いていたっけ。

省線の中央線もたまに乗り降りすることがあった。市電⑯番が水道橋を通っていたからである。飯田橋、市ヶ谷、四谷と、お堀端を通り、東京では珍しいトンネルを抜けて千駄ヶ谷、代々木方面に出るコースは、景色がよかった。山手線に比べて、スピードが少し速かったように思うが、気のせいだったろうか。

新宿から先に行くことは少なかったが、秋になると年に一度、相模湖に沈んだ相模川の渓流に、家族揃って鮎料理を食べに行くのがならわしであった。今の高尾「浅川」駅を出ると急に山が迫り、小仏峠《こぼとけ》のトンネルを越えたら、当時「與瀬《よせ》」といった相模湖駅に着く。駅から一歩きした河畔の料理屋で、鮎を一杯食べた。中でも塩焼きが一番で、頭や骨ごと丸かぶりで食べるのである。中央線の思い出は、この鮎の香りとともにある。

中央線には、お茶の水と神田の間に、「万世橋《まんせいばし》」という駅があった。今でもその遺構が残る。市電では須田町の停留所が近く、駅の前には日露戦争で武勲をたてた広瀬海軍中佐の堂々たる銅像が建っていた。戦時中、兵器に使う金属の不足で、鍋、釜、梵鐘から多くの銅像まで回収、供出されたのに、広瀬中佐の銅像が残ったのは、戦意の向上と、東京の名所図絵にも描かれるほど立派だったからだろう。さすがに戦後は軍国主義の象徴ということで撤去されている。また、ここには「鉄道博物館」があった。現在大宮にある鉄道博物館の元はここである。父や母よりも、鉄道好きの親戚や友人のおじさんがよく連れて行ってくれた。展示の機関車や電車、信号機などにさわったりしていると、いつの間にか日が暮れていた。

省線の圧巻は横須賀線であった。夏の一日、家族揃って鎌倉由比ヶ浜の海水浴に出かけるとき乗れるのである。鎌倉までは一時間あまりだが、六郷川を越え、保土ヶ谷を過ぎると山道にさしかかり、東海道線最初の本格的なトンネルがある。東京、品川、横浜、大船では汽車辨當も買えるので、ちょっとした旅気分になる。大船から東海道線と別れ、お寺の多い北鎌倉に止まると、次が鎌倉である。ほかの省線と違い、車体も堂々とし、座席も向かい合わせのボックス型クロスシートである。グリーン車に当たる二等車もついていたから、これなら威張っていてもいいと思った。二等車は横須賀に鎮守府のある海軍将校のためだということだった。日露戦争で大勝利を収めた戦艦三笠や、当時最大の戦艦長門の見学に横須賀に行ったときに、大勢の海軍軍人の姿を見かけている。

海水浴の帰り鎌倉駅で、疲れているのに電車は超満員。「よし、今日は特別に二等を奮発しよう」と、父の一声で二等車に乗り、気分上々で帰って来たこともある。

小学校六年夏休みの宿題に、私は同じクラスの鉄道好き友だちの東正恒《ひがしまさつね》君と共同で、これら市電や郊外電車、省線電車のことをまとめようと話し合った。二人でそれぞれ担当を決め、真夏の暑い中、連日ターミナル駅に出かけては写生をしたり、チラシを集めたりして研究の成果を一冊の手作りアルバムにまとめた。題は「東京を中心とした郊外電車」、表紙に昭和１４・８の日付と、石田穣一／東正恒合作と記した。

省線の山手線や中央線、横須賀線をはじめ、西武、東武、小田急、京王、東横、玉川、目蒲、京浜、京成線や地下鉄などを、スケッチと地図入りで紹介し、沿線案内のパンフレットや名所絵はがきを貼り付けた。私が受け持った部分の幾つかを、説明文だけ紹介しよう。言葉使いは原文のままである。

【東上線】

池袋〜寄居間　成増・川越など通る　ドアエンヂンはない　何々行といふのは横にかけるや

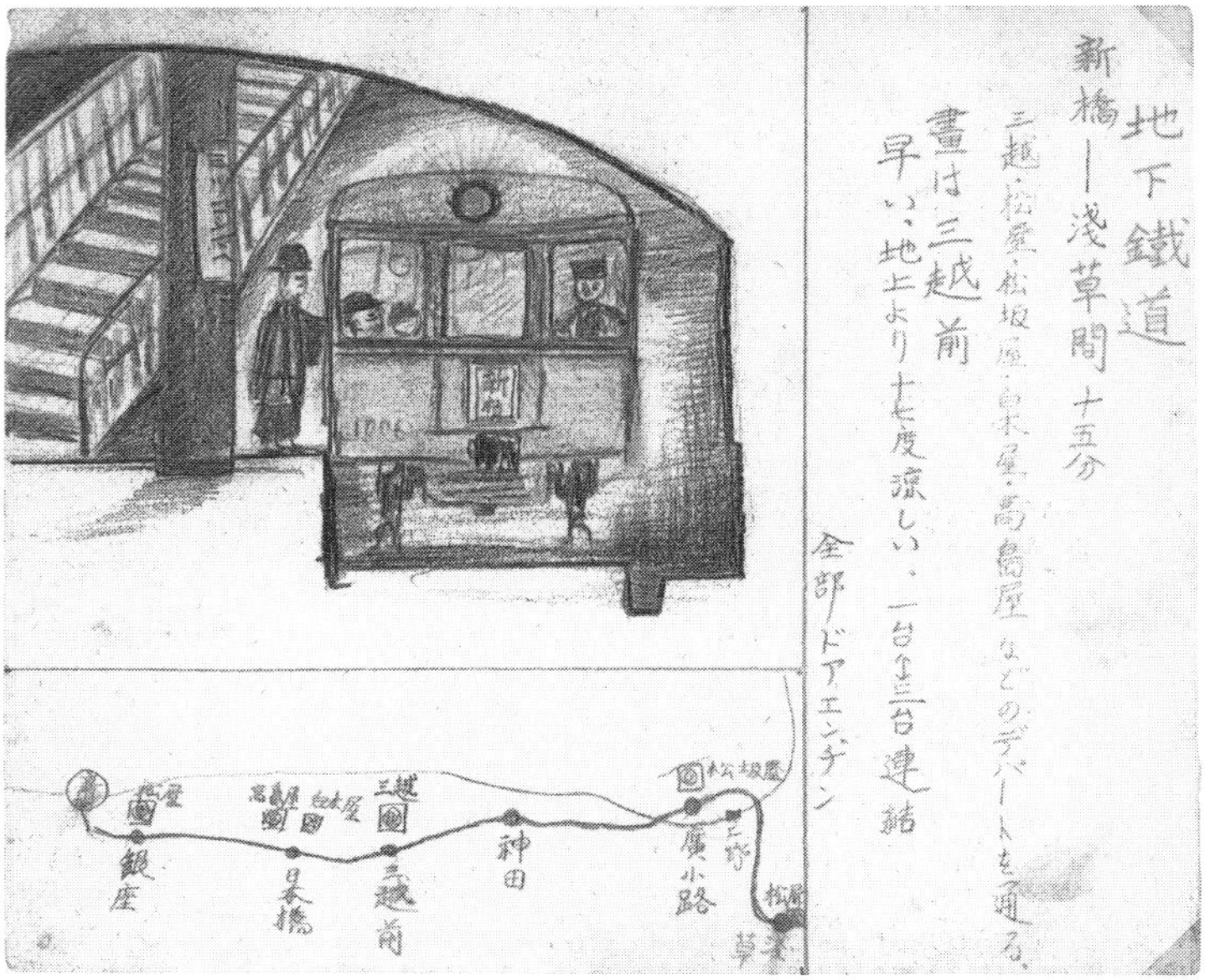

「東京を中心とした郊外電車」の一部、地下鉄（著者描く）

うに出来てゐる

【西武電車】

新宿〜荻窪間　この電車は名所はあまりない。堀の内妙法寺位。この西武線は高田馬場から出るのとちがってとてもへぼだ。畫《え》は新宿

【京王電車】

新宿〜多摩御陵前間　明大・京王閣・多摩御陵等はいづれもこの電車の沿線にある。畫は省線新宿

【帝都電鉄】

井の頭恩賜公園・第一高等学校などはこの電車の沿線にある。又小田原急行電鐵の下北沢を通る。畫は渋谷駅。（ドアエンヂンなし）

そういえば、当時の電車は自動ドアが全部ついていなかった。自動で扉を開け閉めする

のはまだ珍しく、ドアエンジンと呼んでいたことも思い出した。

そして最後には東京市電を紹介している。


【市内電車】

市内電車をりゃくして市電といふ。市電は地図のやうに東京市内の至る所を通ってゐる。市電はどこへ行っても七銭といふのが特ちゃうである。市電はとても便利である、きたないやうだけれども、市電のない不便を考へてごらん。

畫は大塚駅　全部ドアエンヂンなし

「畫」は「絵」のこと、「ゐ」は「い」と読む。昔は小学生でもこんな難しい字を書いていたのだ。大塚駅前終点に停車中の市電風景を描いたもの。車体は緑色でなく青色で、窓の回りだけが黄色になっている。一時期そんな色をしていた。戦後は、廃止のころまで黄色に赤線を入れたのが主流になる。車体は木造で古いものが多く、よほどオンボロで汚いように見えたのだろう。電車のほかに、アイスクリームを売るお菓子屋さんや、子連れの犬が描かれている。路線図を描くのが面倒くさくて、代わりに乗り換え切符をそのまま貼り付けたのは私のアイデイアだった。それに続き二重橋や、新築したばかりの帝国議会議事堂、丸ビル、銀座通りや浅草風景の絵はがきが貼ってある。

それぞれの電車ごとに整理されていて、自分たちでもよく出来たなぁ、と思ったほどである。案の定、担任の先生から「花マル」に当たる最高のお褒めをいただいた。かつて私の鉄道好きを度が過ぎるといってたしなめた、あの先生であった。

この作品、長く東君の手元にあったが、平成一六年（二〇〇四）二月、二人で沖縄キリスト教学院大学図書館に収めた。ここには、私の本名「石田穣一鉄道図書コレクション」のコーナーがある。私が七年間ここの短大で教えたご縁から、手元にあった鉄道図書と雑誌を全部寄贈した。中には「日本鉄道史上中下三篇（鉄道省、大正一一年刊）、「鉄道旅行案内（鉄道省、大正一一年刊・色絵図入り）、洋書類、時刻表、「鉄道ファン」創刊号からのバックナンバー揃いなども含まれている。個人で持ち続けるよりもいいと思ったからである。郊外電車の作品も、ここに収められてよかったのではないか。大学は那覇市首里の郊外、眺めの良い西原町の丘の上にある。

3号車　汽車ポッポの長い旅

平成二五年（二〇一三）秋、NHK首都圏スペシャルで「おもいで映画館」という番組が放映された。その中に、私の父が昭和初期に小型映画で撮影した私たち家族の物語がたっぷり取り上げられた。

父は昭和の初めごろ、9ミリ半フィルムのパテ・ベビーという小型映画の撮影に凝っていた。8ミリフィルムの家庭用小型映画よりも、もっと古いものである。そのころ、映画は「活動写真」とか、略して「活動」と呼んでいた。ネジを回して撮影し、映写も手回しでやる時代のものだが、フランス製で、フィルムもマガジン入りのちゃんとしたものだった。家族や親戚の映像がほとんどで、自宅近くの小石川植物園、お駕篭《かご》で行く那須登山旅行、軽井沢風景や岩原のスキーなどのほか、父が好きだった芸能界や浜辺の美女、広田首相の姿なども写っている。これらのフィルムは、戦争をくぐり抜け、何とか焼け残った。戦後NHKアーカイブスに寄贈したので、そこに大事に保存されている。その映像を使ってのスペシャル番組だったのである。

ここに保存された映像の中には、蒸気機関車の走る風景を映した場面が幾つかある。父はとくに汽車が好きだったわけではないが、貴重なフィルムを使って撮影しているのは、やはり興味があったからではないか。

多摩川の鉄橋を渡る長い貨物列車、今の中軽井沢「沓掛《くつかけ》」駅からの帰り、碓氷《うすい》峠の勾配に使うギザギザしたアプト式レールもちょっと出てくる信越線列車、福岡の奈多辺りをポッポと煙を吐いて走る博多湾鉄道と客車や車内風景などの映像が残っている。河津清三郎演じる堀部安兵衛の活動ロケの背景には、何と貨物列車が通りかかる。線路の上を走るのは喜劇俳優杉狂児。沢田清と女優たちに父も加わって旅を楽しむ車内風景、広田首相が北海道・東北を視察するときの青函《せいかん》連絡船や奥羽線列車なども写っている。伊香保ケーブルカーの車内や、東京市電の花電車風景もある。どれも短いシーンだが、今となっては、当時の鉄道の姿を残した貴重な映像かもしれない。

これらの映像によく出てくるのは、ポッポポッポと煙を吐いて走る蒸気機関車だ。そのころはもう電気機関車やディーゼルカーもあったが、主役はやはり蒸気機関車で、ことに長距離列車は蒸気にお任せだった。蒸気機関車はスチーム・ロコモティーブのことで、今は「ＳＬ」と呼んでいるが、戦前はＳＬとかＥＬなんて妙な言葉はなかった。機関車といえば蒸気機関車のことで、ＥＬは区別して電気機関車と言っていた。どうも私は、今でもＳＬという言葉を使う気になれない。


蒸気機関車は、石炭という黒い燃える石をカマで焚き、水を湧かして水蒸気にし、その圧力でピストンを動かし車輪を回して走る。煙突からは、時にはモクモクと、時にはポッポポッポと黒い煙を吐き、ピストンの横からはシューッシューッと白い蒸気を出しながら走っていく。シュッシュッポッポという音は、まるで生き物が呼吸するようだ。そんなことから、愛情を込めてよく「汽車ポッポ」と呼ばれていたのである

発車するときは、ホームにベルが鳴り、ブザーの合図とともに、汽笛を一つ大きく辺りに響かせて、静かにゆっくりと動き出す。あのボオォーッという力強い汽笛の音がまたいい。ボッ、ボッ、と加速までには時間がかかる。それが電車とは違う「重み」と、遠くの世界に通じる「夢」を感じさせてくれるのであった。子供の私はまだ「ロマン」という言葉を知らない。

機関車には、大きいのもあれば、小さいのもある。大きい機関車は、テンダー型といって、客

車や貨車を長くつないで遠くまで行く。機関車もおなかがすくから、石炭と水を沢山積んだ箱のような炭水車を後ろにつけている。石炭や水がなくなると、ここから補給するのである。ダイナミックで勇壮な姿はあこがれでもあった。でも東京駅では見ることができない。山手線や京浜線、横須賀線の電車が中心で、東海道線の列車は国府津《こうづ》まで電気機関車が引いていたからである。電気機関車の古武士のようないかめしい姿も、それなりに頼もしかったが、子供にとってはいまいちの感じがする。蒸気機関車が見られるのは、上野駅か両国駅であった。あるとき、上野駅近くの陸橋の上から煙を吐く姿を眺めて、釘付けになったことがある。まるで「機関車トーマス」の世界が、そこには実際にあった。新宿駅でも、貨物線を走る山手線貨物列車は蒸気機関車が引いていた。

一時期「流線形」というのが流行した。風を切って速く走るためだと、電車や電気機関車の前の部分を丸くしたり、ゴツゴツの蒸気機関車にカーブのついた丸い覆いをかぶせるようにして登場したが、あの当時のスピードでは、どれだけ効果があったろうか。あんまりカッコよくなくて、好きにはなれなかった。

小さい機関車は、タンク型といい、おもちゃのように可愛かった。炭水車がなく、石炭と水も機関車のお尻の部分に一緒に積んでいた。引いている客車も貨車も、すぐ簡単に数えられるほどだ。田舎のほうに行くとよく見られた。ちょっと大きい駅に停まって休んでいるのである。小さいからすぐくたびれるのだろう、夜は車庫で寝て過ごす。それでも走り出すと元気を出して一所懸命働くのであった。大きな機関車に比べて力も弱く、何だか可愛そうだった。

汽車ポッポには沢山の歌がある。「汽笛一声」の鉄道唱歌は、何だか古くさくて馴染めなかったが、歌が好きだったので、童謡はよく口ずさんだ。「今は山なか　今は浜……」「汽車汽車ポッポポッポ　しゅっぽしゅっぽ　しゅっぽっぽ……」「お山の中行く　汽車ポッポ……」など、いろいろ歌った。古い蓄音機のネジを回し、針を変え、SP盤という速い回転の重いレコードをかけてよく聴いていた。中でも一番好きだったのは、「坊やの機関車」という題だったろうか。

坊やの機関車　飛び出した　メチャクチャ走りだ　シュッポポッッポ
（ジャジャポポ　シュシュポポ　ジャジャポポ　シュシュポポ
タンタンタンタン　タンタカターン）
真っ赤に燃えるは　釜の中　もっともっと石炭放り込め
父さん機関車　追いかけて　オイオイ待て待て　シュッポッポ
（くりかえし）
真っ赤に燃えるは　釜の中　もっともっと石炭放り込め
母さん機関車おどろいて　アラアラ大変　シュッポッポ
（くりかえし）

真っ赤に燃えるは　釜の中　もっともっと石炭放り込め
坊やの機関車　泣き出した　父さん母さん　シュッポッポ
（くりかえし）
真っ赤に燃えるは　釜の中　もっともっと石炭放り込め

弱虫の坊やで育っていた自分に重ね合わせ、何か心にふれるものがあったのだろう。誰の作詞・作曲か判らないが、レコードがすり切れるほど聴いたので、今でも鮮明に覚えている。新幹線にはこれという歌がないのは、口ずさむ曲のリズムがついていけない速さだからだろうか。

そのころ、父の郷里福岡にはまだ祖母が元気に暮らしていた。夏休みや正月には、九州のおばあちゃんに会いに行くため、家族揃って帰省する。そのおかげで私は汽車ポッポの長旅を何度も楽しむことができたのである。子供の私にとっては、まことに恵まれたことで、学校でも友だちから羨ましがられた。それはそうだろう、何しろ戦前のこと、東京から福岡に行くというのは大旅行である。今の海外旅行よりずっと大変なイベントで、ぜいたくなことだったから。

東京からは午後九時発の下関《しものせき》行き二・三等寝台つきの普通急行列車に乗ることが多かった。急行は、今のＪＲでは見られなくなってきたが、当時は優等列車の扱いで、特急に当たる特別急行と区別するため、普通急行と言っていた。この急行、東京を夜出ると車内で一晩眠り、京都や大阪を知らないうちに通り抜ける。目が覚めるころ、窓から見えるのは神戸の美しい街並みであった。神戸市内は高架線になっていたので眺めがよく、すてきな路面電車も走っていた。外国ってこんな景色なのかなぁ、と思ったほどである。

神戸を過ぎると、汽車ポッポは山陽路を一日かけて走り続ける。姫路、岡山、広島とかを通り、長い長い旅をするのだが、楽しくて退屈するどころではない。海、山、川の風景だけでなく、「カルピス」「福助足袋《たび》」「赤玉《あかだま》ポートワイン」など、畑の中に立つ看板が窓の外を走り去って行く。朝でもないのに「あさー、あさー」（厚狭）と駅員さんが呼ぶのがおかしかった。スピーカーでなく、駅員さんの生の呼び声も聞かれた。

列車は夜下関に着く。まだ関門トンネルはなく、列車は全て下関止まり。九州に渡るには、ここで関門《かんもん》連絡船に乗り換えるのである。連絡船から見る門司の街の灯は、星のように輝き、とても美しかった。今ならさしずめ九龍から香港《ホンコン》の夜景を眺めるような気分だろう。門司からは、今の快速列車に当たる準急に乗って九州路を走る。八幡製鉄所の燃え上がる溶鉱炉の火を恐ろしく感じながら、夜遅く福岡の博多《はかた》駅に着いた。

三等寝台を使うことが多かったが、ときには二等寝台であったり、あこがれの特別急行「富士」や「桜」に乗って行ったこともある。おそらく切符が取れなかったとか、時間の都合とかであったろうが、その辺の事情は私にはよく判らない。座席車で行った覚えがないから、いずれにしろ恵まれた旅であった。父は小さな時刻表を持っていて、何かにつけよく見ていたが、子供の私はまだ時刻表とはご縁がなかった。

博多駅は立派だった。今の場所と違いもう少し北側にあった。福岡なのになぜ博多駅というのだろうと不思議に思い、父に聞いたことがある。「福岡市は真ん中に川が流れ、東が博多、西が福岡に分かれている、駅は博多側にあるからだ」と、教えられて納得した。博多駅前には古い型のチンチン電車が走っていた。福博電車といって、博多駅前から市内をぐるり一周する線と、箱崎の九大前から西新《にしじん》、姪浜《めいのはま》まで横に長く走る線などがあった。叔父の勤める九大病院に行ったときには、美しい松林の中を電車が走る。とてもすてきだったが、東京の外堀線の電車も負けないな、と思った。また千代町から築港の辺りにかけては、二本のレールの真ん中にもう一本レールがあった。同じ所を走る電車と貨物列車とでは、レールの巾が違うので、片側の一本は共通して使うのだと聞いた。何て面白いんだろう。今の小田急箱根湯本辺りと同じではないか。そして福岡滞在中に、必ず一度は、急行電車と呼ばれる西鉄線に乗って、太宰府《だざいふ》詣でをするのがならわしであった。

鉄道は一等、二等、三等の三クラスに分かれていた。車体は栗色で、一等車の窓下には白帯、二等車には青帯、三等車には赤帯が塗られていたので、外から見ればすぐに判った。

一等車は、特別急行「富士」や「燕」、夜行急行など、限られた列車にだけついているＶＩＰ用で、デラックス寝台車か、豪華な展望車になっていた。今のグランクラスよりも立派なもので、中を覗くのも怖いくらい。これはとうとうご縁がなかった。

二等車は今のグリーン車に当たるもので、切符の色も青。特別急行や急行列車、夜行列車だけでなく、各駅停車の普通列車にもよく連結されていた。二等の座席は、ゆったりしたボックスシート、紺色のモケット張りで、背もたれの上に白い布カバーがかけられていた。料金は三等よりも高いが、お金さえ払えば誰でも乗れるというわけでなく、軍人、政治家、お役人、社長など、偉い人たちが乗るものだと、何となく自然に決まっていたように思う。

エコノミークラスに当たる普通車は三等で、切符の色は赤く、多くの人はこれを利用した。三等の座席は、電車のロングシートと違い、向かい合って四人が座るクロス型のボックスシートである。お尻の下は緑色のモケット張りで、背もたれの部分は板張りか緑色のモケット張りのどちらかであった。大きな駅には一・二等待合室と区別して三等待合室があり、二等寝台を使うときは、待合室にいるときから豪華な気分を味わえた。

東海道・山陽路を行く客車は、外側が鋼鉄製だったが、車内はすべて木製で、茶色く光るニスが塗られ、その香りが漂っていた。昨今、豪華列車「ななつ星」をはじめJR九州線などで。木のぬくもりを大事にする風潮が高まっているが、昔は全ての車両が木のぬくもりで包まれていたのである。金属的、人工的な匂いのする車両ばかりになると、木のぬくもりがかえって新鮮に感じるのだろう。

長旅の様子をもう少し思い出してみよう。東京駅は今の丸の内南口が乗車口、北口が降車口になっていて、八重洲口に当たるものはなかった。乗車口に着くと、大きな荷物は切符を見せれば「チッキ」として預かってくれる。同じ列車の手小荷物車に載せられて、博多駅で受け取るのである。空港での荷物預けと思えばいい。車内持ち込みの荷物が沢山あると、赤い帽子をかぶった赤帽さんが、乗る列車の中まで運んでくれる。ポーターのことで、料金が決まっていた。ちゃんと運んでくれるのを見て、よくぞ荷物がどこかへ消えてしまわないものだと、感心した。

遠距離列車には寝台車がついていた。寝台車と言わずみんな「寝台」と言っていた。もともとは一等寝台、二等寝台と高級客だけのものだったが、三等にも寝台ができたので、料金も安く利用しやすくなった。私たちがよく使ったのも、まだ珍しく、家族も多かったからだろう。三等寝台は、上中下の三段式ベッドが向かい合い、隣と区切られて開放された六人部屋のようになっている。ヨーロッパの列車によくあるコンパートメントに似たものだ。昼間は、中段のベッドが畳まれて背もたれになり、向かい合いのイス席になっているが、夜になると寝台の組み立て作業が始まる。白い服を着た列車ボーイさんが手際よく動いて背もたれを上げ、たちまち三段ベッドに様変わりするのである。上中段のベッドを使う人のためにハシゴがつけられた。一つ一つのベッドは、緑色のカーテンで仕切られ、豆電球が灯るようになっていた。

子供にとっては、寝台の上段に寝るのがあこがれであった。ハシゴを登るのがたまらない冒険なのである。一度、三等寝台の上段に登ってハシャギ過ぎ、列車の揺れとともに下までドスンと落ちてしまった。

二等寝台は上下二段式のベッドだった。昼間は仕切りのある幅の広いソファー式のロングシートになっていて、通路反対側の窓の人と向き合う形で座って過ごす。これが夜はベッドになるのだ。プルマン式というのだそうで、これは大人になってから知った。まだ冷房はなく、扇風機が回っていた。ベッドメイクは三等寝台と同じで、白い制服のボーイさんがテキパキとやってくれる。まずシートの仕切りを引き出し、天井に収まっていたベッドを下ろして上段ベッドにし、緑色のカーテンとハシゴをつける。ベッドの幅がとても広くゆったりしている。蓋を開けると豆電球が灯り、とたんに夜の世界へと変わってしまうのが鮮やかであった。朝がくれば、またボーイさんが元通りのロングシートに戻してくれる。決してそのままにはしない。これは三等寝台も同じであった。

新鉄道唱歌

そのころ特別急行は「燕」「富士」「桜」の三本しかなかった。ことに「燕」は東京～神戸間を結ぶ一番速い一・二・三等特別急行で、「超特急」と呼ぶこともあった。後に「鴎《かもめ》」という姉妹特別急行が生まれている。一番後ろに一等展望車をつけた、あこがれの列車だったが、とうとう乗るチャンスはなかった。昭和一二年(一九三七)ころの国民歌謡で「新鉄道唱歌」というのが生まれた。なかなか軽快な歌だったが、「汽笛一声」ほど歌われなかった。

帝都をあとに　颯爽《さっそう》と
東海道は　特急の
流線一路　富士さくら
つばめの影も　うららかに

土岐善麿 作詞　堀内敬三 作曲

（以下略）

午後一時半に東京を発つ下関行の二・三等特別急行「桜」と、午後三時発の下関行一・二・三等特別急行「富士」には、それぞれ何回か乗っている。富士には一等展望車がついていて、オープンデッキに立派な富士山の形をしたトレインマークをつけていた。「桜」のマークは桜の花。どれも今の特急なんかよりずっと威厳のある列車であった。

特別急行や急行列車には食堂車があり、これも「食堂」と言った。列車によって洋食堂、和食堂の区別があったが、子供にはあんまり関係がない。夕食時間が近づくと、食堂のボーイさんが予約の注文を取りにくる。朝食と昼食は自由だったが、夕食は予約を取って、その時間に出かけるのである。揺れる車内を何両も歩き、食堂が近づくと、とてもいい匂いがしてくる。ちょっとぜいたくな気分である。エビフライとかビフカツといった、デパートの食堂では食べさせてもらえない料理を初めて口にしたのも。列車食堂であった。父は黒ビールが好きだった。

先日『乗物絵本時代』（岡田克孝著）という本を見ていたら、昭和初期の月刊誌『キンダーブック』が紹介され、二等寝台と食堂車の風景が描かれているのを見つけ、とても懐かしかった。キンダーブックは私が子供のころ愛読していた絵本雑誌だが、この二つの絵は本当によく当時の車内風景を描いている。その説明文がまた楽しい。

シンダイシャ

セマイケレドモ　オソウジガ　キレイニデキタ　シンダイシャ
アシタノアサヲ　タノシミニ　ミナサンオヤスミ　ナサイマセ

ショクダウシャ

ノハラ　ヤ　ヤマ　ヤ　ヒト　ヤ　ウシ
アヲイ　オウミ　ノ　ホマヘセン
ミンナ　ウゴイテ　ヰルヤウナ
キレイナ　ソトノ　ケシキ　ミテ
キシャノ　オイシイ　ゴチソウ　ヲ
ナカヨク　ミンナデ　タベマセウ

食堂ばかりではない。駅に着くたびに聞こえてくるのが、売り子の呼び声である。

「ベント　ベントー　ベント」「エー　お茶はいかが」

駅弁は、当時汽車辨當といった。二段重ねで、上の折り箱に焼魚、かまぼこ、卵焼きなどのおかずが盛り合わせてある。下の折り箱には白いご飯が詰めてあり、黒ごまか赤い梅干しがのっていて、いい匂いがした。今の「幕の内弁当」のように、ご飯が一口ずつ俵型になってはいなかったように思う。

お辨當と一緒にお茶も買った。缶入りやペットボトルではない。焼物の弦つき口つき土瓶に入っていて、蓋をひっくり返すと一口用のお茶碗になる。これにお茶を注いで飲むという趣向だ。土瓶にもいろいろな種類があり、駅ではお茶だけの差し替えもしてくれた。

静岡や岡山の汽車辨當はおいしかった。大船駅のサンドウヰッチ、小田原駅の鯵の押し寿司、熱海のそぼろを敷き詰めた鯛飯、折尾のかしわ飯のような特別辨當もあって、これがとても楽しいのである。中でも浜松駅の素焼きの丼に入ったうなぎ丼は、なら漬けの入った小箱が添えられ、道中の圧巻であった。ただしこれは浜松が真夜中になる急行ではダメで、「桜」か「富士」でないと買えない豪華辨當だったと思う。名古屋ではお城の形をした瀬戸物容器にあんこのぜんざいが入ったデザートもあった。

掛け紙もいろいろで、地図や名所旧跡、名産品などが描かれているので、地理の勉強に役立ったくらいである。何しろ停車時間は長いし窓も開く。ゆっくり選んで売り買いができる。今の駅弁ブームとは違った本当の旅の味であった。列車によって時間帯が違い、駅も停車時間もいろいろなので、買えるお辨當も変わってくる。これこそ長旅のアクセント、博多まで退屈することは全くなかった。

昭和九年（一九三四）に、丹那トンネルが開通する。それまで国府津《こうづ》から沼津まで勾配のきつい御殿場線回りだった東海道本線は、熱海と函南《かんなみ》の間をトンネルで抜け、近道を通って沼津まで電気機関車が行くようになった。このトンネルは地下水が湧き出す大変な難工事で、多くの人が命を落とした。初めてこのトンネルを通ったときには、神妙な気持ちになった。と同時に、このトンネルの中で汽車が止まり、土砂が崩れて生き埋めになったらどうしよう、と不安にもなるのであった。

昭和一〇年（一九三五）の夏、私たち一家が特別急行「桜」で九州に向かう途中、小田原早川の鉄橋で、ちょっとしたイベントをしたことがある。あの「郊外電車」の宿題を合作した級友東君一家が、夏休みを小田原で過ごしていた。そこでお互いに連絡をとり合い、「桜」の車中と早川の河原で、エールの交換をしたのである。車中からは大きく手を振り、東君たちは大きな紙に文字を書いて掲げ、バンザイをしてくれた。この盛り上がりは今でも忘れられない思い出となっている。市外電話が簡単に通じる時代でなく、手紙のやりとりで連絡したのだったが、よくぞ実現したものだ。私の方はともかく、東君は「桜」の勇姿を見送りながら、さぞかし羨ましい思いをしたことだろう。

昭和一二年（一九三七）四月には、父が広田弘毅さんの命を受けて、欧米各国の視察に出かけた。一〇ヶ月以上にもなる長い出張である。当時はもちろん飛行機でなく、横浜からの海路、文字通りの洋行である。欧州航路の船が出帆する日には、東京駅から横浜港まで直通の列車が出ていた。私たち家族もこれに乗って横浜まで見送りに行った。父は日本郵船の箱根丸という一万トンの客船に乗ってインド洋を回り、四三日かけてフランスのマルセイユに到着、それから数ヶ月にわたって欧米諸国を訪ね回った。あのヒトラーやムッソリーニとも単独会見をし、広田さんのメッセージを手渡している。ヨーロッパの鉄道にもあちこちで乗ったようだ。

父の不在中、七月七日には支那事変が始まった。まだ「戦争」という言葉は使われなかったが、子供心にもこれは戦争だと判った。父からはよく「広田さんはいつも、日本は隣の国である支那やロシアを大事にしなくてはいけない、と言っておられる」と聞いていたので、その支那と戦争するなんて、大変なことだと思った。そして父は果たして無事日本に帰って来られるだろうかと、すごく心配になった。幸い父はその秋、日本に帰ってきたので、ホッと胸をなで下ろした。

昭和一四年（一九三九）、附属小学校六年生の修学旅行は、伊勢、奈良、京都を巡る三泊四日の旅であった。大陸では日本軍が連戦連勝だということで、恒例通り行われた。今考えても恵まれたチャンスであった。関西は福岡に行くとき、いつも汽車で素通りしていたから、ようやく念願が叶ったわけである。

修学旅行というのはありがたいもので、一生のうちそのとき訪ねたっきり、という名所旧跡もあるのではないか。長距離の列車に乗れることも、魅力の一つであろう。戦後もいち早く復活し、昭和三四年（一九五九）には「ひので」「きぼう」という修学旅行専用電車まで走ったくらいだ。

この旅行、最初の夜は二見浦に泊り、翌日、伊勢神宮にお詣りしたあと、立派な宇治山田駅から、近鉄の前身である大阪電気軌道、略して大軌《だいき》の、二等車とも見まがう電車に乗って橿原《かしわら》神宮へ向かった。奈良では、大仏や若草山などを見て、猿沢池のほとりの宿で過ごす。三日目は京都に出て伏見桃山御陵に参拝、清水寺や平安神宮などを回った。最後の夜は京都泊、翌日一日かけて、急行列車の三等寝台を上げた座席で東京へ戻ったのである。何もかもが珍しかったが、ことに大軌のような関西の郊外電車のすばらしさには目を見張るばかり、関東の郊外電車はとても及ばないなと思った。

古いお寺やお宮の建物の美しさや、数々の日本文化にふれて、大満足だったが、これが汽車ポッポの長い旅としては、戦前の華やかな時代の最後となった。これからいよいよ昭和の戦争時代へとつき進んでいくのである。

【第二列車】

敗戦を生きた鉄道学徒

1号車　戦争トンネルの中へ

昭和一五年（一九四〇）はちょうど紀元二六〇〇年に当たった。皇紀ともいい、神武天皇が即位してからの計算である。その輝かしい歴史は世界に誇るべきものとされ、西暦や年号とも違う数え方をしたのである。大日本帝国は皇国と呼ばれ、皇国の威信は大陸にまで広く及ぶと、士気はいやが上にも盛り上がった。当時歌われた軍歌調の歌がある。

紀元二千六百年

作詞　増田好生　作曲　森義八郎

金鵄《きんし》輝く　日本の
栄《はえ》ある光　身に受けて
いまこそ祝へ　この朝《あした》
紀元は　二千六百年

ああ一億の　胸は鳴る

（以下略）

私はこの年の春、東京高師附属中学校に進んだ。その夏には、一年生全員の水泳合宿訓練が行われる。両国駅から蒸気機関車の引く房総線の列車に乗り、千葉県房州の富浦に向かった。そのころの両国駅は、近くに戦前の国技館もあり、房総方面への列車発着で賑わう東京の東のターミナルであった。でも弱虫で泳げない私にとっては、この駅からとてもつらい一〇日間が始まるのだ。

富浦は、館山近くの東京湾に面した静かな海浜であった。「海軍に行ったら泳げなくてどうする、合宿中に遠泳ができるようになれ」と言われ、厳しい訓練が続く。友だちはみんな、どんどん泳げるようになっていくが、私は顔を水につけるのが怖くて、泳ぐどころではない。いじめのいいカモにされ、とうとう手のつけようもないホームシックにかかってしまった。担任の先生の計らいで、六日目に迎えにきてくれた母と一緒に汽車に乗って家に帰ったが、一六〇人中たった一人の落ちこぼれである。このときほど情けない思いで汽車に乗ったことはない。両国駅に着いたらケロッと治ってしまったのは不思議であった。富浦にはその後もう一度行かされ、下級生に混じって恥ずかしい思いをしながら、ようやく泳げるようになったが、私はこんな弱虫軍国少年だった。

支那事変は連戦連勝という報道ばかり。大陸や、新しくできた満州国に夢と希望をもって赴く人たちも多く、海を渡れば活躍できるという風潮が国内にみなぎっていた。でも日本が勝っているというわりには、一向に終わる気配がない。時代は一歩一歩、大戦争へと向かっていく。隊列を組んだ兵隊が電車通りを行進し、ダッダッという軍靴の音が響いてくる。勇ましいというより、私には怖いのである。市電の中でも軍人が威張っている。電車が宮城《きゅうじょう》や靖国神社の前を通るときには、頭を下げて遙拝することになっていた。戦勝祈願ということだったのだろう、「ぜいたくは敵だ」「行楽旅行は廃止」などというポスターがあちこち目につくようになり、汽車の旅はだんだんやりにくくなってきた。

服装も華やかなものは許されない。男は陸軍の軍服に似たカーキ色の国民服、婦女子は黒い色系のモンペ姿が強制され、街から明るい色がどんどん消えていく。ジャズや西洋音楽も禁止となり、ラジオからは軍歌ばかりが流れてくる。附属中学にも陸軍軍人の配属将校が置かれ、軍事教練が始まった。英語や音楽、図工などの授業は、とかく軽く扱われるようになる。戦時ポスターを描くということで、飛行機や戦車、軍艦などの絵を描かされたときに、私は蒸気機関車の絵を描いた。これに「汽車も兵器だ」と文字を入れたら、なるほどと認めてもらえた。

昭和一六年（一九四一）一二月八日の朝、ラジオから流れた「大本営発表」のニュースには、日本中が驚くというより興奮、歓喜した。日本軍がハワイの真珠湾を奇襲攻撃し、多大の戦果を挙げたという。いよいよアメリカやイギリスを相手に、本格的な戦争を始めたからである。太平洋戦争という、昭和で一番暗い時期に飛び込み、すべての暮らしが戦時色に染まった。こうなると若者はいずれ戦地へ赴かなくてはならない。弱虫の私は正直言ってちょっとショックであった。軍国の学徒として、否応なしに、大きなうねりの中に巻き込まれていくのである。

学校では、柔道や剣道などの武道が強化され、実弾射撃や銃剣術の訓練もした。中でも銃剣術は、鉄砲の先に剣をつけ相手を突き殺すという恐ろしいもので、訓練用の木製の銃を構え、防具を着けた相手の胸を突くのである。「これで一人がアメリカ人二人を殺せば日本が勝つ」と言われれば、なるほどと思う。昔から日本は戦争に負けたことがないから、今度も最後は必ず勝つと信じて訓練に励むのであった。でもよく考えてみると、向こうからも刺されるわけで、そう簡単にいくはずがない。胸を何度も突かれて、とうとう体をこわした友だちもいた。一般市民には、竹の先を鋭く切った竹槍が配られ、敵を突き刺すための訓練をさせられた。

京成電車の実籾《みもみ》駅で降り、習志野《ならしの》原の練兵場に行き、野外教練に参加したこともある。夜間、斥候《せっこう》という、秘かに敵情を探る見張り役を命じられ、一人暗闇の中に取り残されたときには心細く、怖くて逃げ帰りたくなった。松戸にある工兵学校を見学したときには、毒ガスの充満した密室に、防毒面というガスマスクをつけてしばらく閉じ込められた。防毒面を着けたまま走らされたこともあったが、こんな苦しいことはない。附属中学では、先生方の努力もあり、わりと戦時色の影響を受けないでいたが、それでもこの程度のことは当たり前だった。

福岡の祖母も亡くなると、汽車ポッポの長旅もできなくなる。非常時のことで、不要不急の旅は許されなくなっていた。そんな厳しい情勢の中で、ちょっとした汽車の旅を組み込んだ学校行事があった。一つは常磐線を利用して、土浦の航空隊を見学し、水戸の歴史を学んでくる一泊旅行。もう一つは、郡山から会津若松に行き、白虎隊の城を訪ね、磐越西線で新潟に出て、上越線を回って帰京する二泊三日の旅行である。実質はまさに修学旅行だったが、どちらもズボンの上から足に軍装備のゲートルを巻いた戦時色の濃い服装だったから、学校が、何か戦意をかき立てる理由をつけて実現させたのだろう。阿賀野川に沿って走る汽車ポッポの風景は、今でも胸に焼きついている。当時としては日本一長い清水トンネルを、初めて通ったのもこのときである。汽車に乗れない戦時中のことだけに、この行事は私に大きな元気を与えてくれた。

旅の途中、福島県の郡山《こおりやま》駅で初めて大時計に二四時間の、13、14、15、16と赤い数字が書き込まれているのを見た。昭和一七年（一九四二）一〇月のこと、それまで午前と午後とを区別する一二時間制を取っていた鉄道が、二四時間制に切り替えられたのである。午後三時発の列車は一五時発ということになったのだ。午前午後を細字と太字で表したりするのは、列車運行上も乗客も、何かにつけ間違えやすく、大陸を走る列車ともお互い通じ合える、というのがその理由だった。でも本当は、軍隊が使っていた二四時間制をそのまま取り入れたのだとも言われている。日本の鉄道は、その後今日までこれを続けているが、もう暮らしの中に定着しているので、これはこれでよかったと思う。

戦時中にもかかわらず、関門海底トンネルが開通したのは、日本の快挙であった。昭和一七年（一九四二）一一月一五日、下関と門司がレールで結ばれ、本州と九州が陸続きになったのである。軍事上の目的もあったろうが、鉄道が海底をトンネルでくぐるのは世界でも初めてのことで、技術的にもすごいことだと、輝かしく誇らしく思った。弾丸列車の構想とともに、皇国の威光は大陸にも及ぶ、というふれ込みである。「海の底さへ汽車は行く」という国民歌が作られ、昭和の名歌手、東海林《しょうじ》太郎が歌っていた。

坂本正雄 作詞　大久保徳二郎 作曲

海の底さへ汽車は行く

世紀の誉だ　雲に鳴る
汽笛の音も　たからかに
あげた勲だ　日本の
誇だ　御国の大鉄路
すめらみ民の　血に燃えて
海の底さへ　汽車は行く

銃後も戦だ　汗みどろ
きっと勝ち抜く　意気込みに
添える誠だ　新鋭の
兵器だ　轟くこの車輪
　すめらみ民の　血に燃えて
　海の底さへ　汽車は行く
アジヤは夜明けだ　まっしぐら
進む先駆の　日の丸に
おくる光だ　百万の
味方だ　我等の輸送陣
　すめらみ民の　血に燃えて
　海の底さへ　汽車は行く

関門トンネル開通のおかげで、特別急行「富士」も、東京から長崎まで直通で走るようになった。上海航路と接続して、大陸との交通がより一層便利になるとのことだったが、戦時下のこと、かなり無理したダイヤだったのではなかろうか。現に「桜」も鹿児島まで行くようにはなったが、特別急行から普通急行に格下げとなっている。

鉄道も軍事物資輸送を優先させるので、貨物列車が増え、旅客列車はどんどん圧迫されてきた。こうなると大陸どころの話ではない。戦力増強の声が高まり、遠距離の旅行は簡単にはできなくなってしまった。一般の人は警察の証明書がないと、汽車の切符を買うことができないのである。「チチキトク（父危篤）」なんてウソの電報を見せて認めてもらったという話も生まれた。

そんなわけで、私がこの海底トンネルを通るのは少し後のこと、昭和一九年（一九四四）春、旧制高校を受験するため福岡に赴いたときである。旧制の高校は、帝国大学の予科に当たるようなもので、全国に三〇数校しかなく、ナンバースクールは官立の一高から八高まで、地名のついた官立高校のほか、七年制の官公私立が九高校あった。卒業すれば帝大に入りやすいので、入試が難しかったのである。普通は中学五年を卒業してから進むのだが、四年終了でも受験はできることになっていた。先生から「いつ徴兵されるかも判らないから、少しでも早く進学しておく方がいい」と勧められ、四年生の私は、急に官立の福岡高校を受けることにした。受験のときは切符が買える。廃止直前の「富士」で九州に向かった。

下関駅は場所が変わっていた。ここで関門トンネル用の電気機関車につけ替える。ドキドキしながら彦島辺りをサッと抜けると、すぐトンネルに入った。ゴーゴーと暗い中を進むうち、一番深い所と思われる地点にさしかかる。緊張というより、もしこのトンネルが崩れて海水が流れ込んできたらどうしよう、と不安のほうが大きかった。やがてパッと明るくなると、そこはもう門司であった。不安は消え、九州も島でなくなり、汽車で行けるようになったという、嬉しさがこみ上げてきたのである。門司駅は、かつて「大里《だいり》」という駅であった。関門連絡船で渡った昔の門司駅は、門司港駅と名前を変えていた。博多に着いた私は受験に臨んだが、結果は不合格。帰りは「富士」でなく、普通急行にゆられて戻った記憶がある。

この受験勉強中、鉄道にかかわる忘れられない行事があった。昭和一八年（一九四三）秋、私たち附属中学の四年生は、勤労動員で、東海道線の車両基地である品川検車区に通い、列車の清掃作業をしたのである。短い期間で、かなりの作業量ではあったが、汽車好きの私には何とも嬉しい勤労作業であった。

品川の車庫には東海道線を走り終えた列車が次々に入ってくる。ローカル列車にはそれなりの地域色があり、夜行列車には長距離の疲れを感じた。戦時中のこととはいえ、まだまだ食糧や物資に余裕があったから、出されるゴミもかなりの量で、新聞紙や汽車辨當の空き箱などが散らかっていた。これだけのゴミが出るのだから、戦争を続ける力はまだ残っている、と妙な理屈をつけて、勝つまでは頑張らなくてはと思った。

特別急行「富士」も、九州からの長旅を終えて帰ってくる。もう長崎までは行かず、博多で打ち切りになったころだ。窓下に白い帯を描き、客車記号に「イ」をつけた一等展望車は、乗りたくても乗れないあこがれの車両だったが、ここでは掃除をするために堂々と入って行けるのだ。桃山式というきらびやかな格天井《ごう》で、椅子や机、調度品もまばゆいばかり。大陸のほのかな香りさえ漂っている。非常時だというのに優雅な気分に満ちていた。

「ロ」の記号をつけた青帯の二等車は、軍人将校の利用が多いせいか、どことなく軍事色が漂っている。ゴミの量はけっこう多く、質も悪くない。駅には「欲しがりません　勝つまでは」の標語が貼られているというのに。赤帯で「ハ」の記号の三等車は、この戦時下に厳しい旅をしてきた庶民の姿を思わせる、つつましいゴミが散らかっていた。

列車には独特の匂いがある。車内にしみこんだ石炭の匂いも、子供のころに比べて質が落ちているようだった。列車のトイレがタレ流しであることを初めて知ったのも、このときである。それまでどこへ流れていくのか考えたこともなかった。鉄路を守る線路工夫さんはどんなにいやな思いをしていることだろう。今はタンクに溜められる。

昨今、東京駅で新幹線が折り返すとき、世界に誇る清掃員グループが、僅か七分という短時間でテキパキときれいに掃除する活躍ぶりを見ると、あの勤労作業のことをふと懐かしく思い出す。この作業が終わった直後、病床の母が三七歳の若さで亡くなった。一番下の妹静子はまだ幼く、幼稚園に通っていて可哀想だった。

福岡高校はダメだったが、その年私は、東京吉祥寺にある旧制成蹊《せいけい》高校文科に何とか入学することができた。戦時中のことで、受験科目に苦手な英語がなかったことが幸いしたのだろう。七年制の私立校なので、校風も官立高校とは一味違う。高校は寮生活が基本であったが、東京に自宅のある者は通学することになった。ここで私は、小石川の自宅からかなり離れた中央線の吉祥《きちじょう》寺《じ》まで、片道二時間半くらいかけて、都電と省線を乗り継ぎ電車通学をすることになったのである。その前年に東京市は東京都になり、市電も都電と呼ぶようになっていた。清水谷町から都電の⑯番系で水道橋へ、中央線に乗り換えて吉祥寺までの区間は、かなり乗り応えがある。遠くまで旅行できない時代に、この電車通学は何よりの楽しみであった。戦時下であっても、電車はわりと時間通り、ちゃんと走り続けてくれた。

しかし戦局はますます厳しく、授業も途絶え勝ちになる。体育館は軍需工場に変身、ここでレシーバーのような兵器の組み立て作業を行うようになった。それでもまだ、戦争には勝つと信じて作業を続けるのであった。勉強どころか、将来の夢とか希望というものもなく、ただ時流に押し流されるままの毎日であった。

初めから軍人将校を目指す人は、中学から陸軍幼年学校や海軍兵学校に進んでいる。一般には、二〇歳になると徴兵検査を受け兵役につくのだが、学徒は卒業まで徴兵が猶予されていた。ところが私たち文科系はその猶予もなく、徴兵年齢も引き下げられそうな雲行きだ。兵隊になれば、一兵士として戦争に行くしかないのである。陸軍だと弾丸に当たり銃剣で刺されて痛いだろうな。海軍に行けば軍艦が沈み潜水艦が浮き上がれなくて苦しいだろうな。航空隊は飛行機が撃ち落とされるから怖いな。鉄道隊にはどうすれば入れるのかな、音楽隊はどうかな、なんて、弱虫の私はあれこれ真面目に考えていた。

そのころはまだ、お国のために死ぬのは軍人、兵隊であって、銃後の守りを固める住民が直接戦争に巻き込まれ命を落とすことはないと、甘く考えていた。ところが今や米軍の飛行機が本土に襲来するようになってきたのである。通学の途中、警戒警報や空襲警報を知らせるサイレンが鳴り、電車が止まって避難することが多くなってきた。また軍需工場に近かった高校の校庭に大きな爆弾が落ちて土をかぶり、冷や汗をかくようになってきたのである。

こんな状況だから、小さい子供たちは足手まといになる。そこで小学生の学童疎開が始まった。都会から離れ田舎に逃げ出すのである。身内を頼って縁故疎開ができる子はまだいい。親元から引き離され、半ば強制的に行われる集団疎開は大変だった。上野駅からは学童疎開列車というのが各地へ向かう。お国のためにと勇んで田舎に向かう子供たちや、本物の汽車に乗れたと修学旅行気分で喜んでいる姿がよく報道された。しかし中には私のような弱虫もいて、ホームシックにかかり、陰で泣いた子もいたに違いない。後で知るのだが、沖縄では子供たちを一杯乗せた学童疎開船「対馬丸」が本土に向かう途中、鹿児島県沖でアメリカ軍の潜水艦に攻撃されて沈没している。大勢の学童が海に呑まれて亡くなる悲しい出来事があったが、軍の極秘とされ知る由もなかった。

私の二番目の妹泰世《やすよ》も、当時東京女高師附属小学校三年生で、集団疎開の経験をしている。疎開先は東京に近い西武電車の沿線であったが、そんな疎開地にも空襲警報や警戒警報が出され、敵機B29が飛んできた。日本機の体当たりによって撃墜された敵機からパラシュートで脱出する米兵を目撃し、翌日一時間ほど歩いて落ちた敵機の残骸を見にいったそうだ。正月の面会日には、家族で疎開先を訪ねた。泰世はその日のことを絵日記に書いている。

一月二日　火曜

今日はうれしい面会日です。おとう様がなかなかいらっしゃらないので待ちどおしくてしかたがありませんでした。お昼ごはんのたいこがなったとたん、向うのかきねのところからおとう様とお兄様とお姉様の三人が歩いていらっしゃいました。私はうれしくてたまりません。かきねの間によっかかって手をふりました。なんとなく胸がわくわくして来ました。お昼ごはんはおうちのおにぎりをいただきました。おにもつもたくさんかえました。雨ぐつ、はみがきこ、まくらかばー、おわん、くし、しゃつ、みんな新しい物ばかりです。おそくまでおとう様やお兄様お姉様といっしょにたのしくお話しました。

妹は健気な笑顔を見せてくれていたが、本当はつらかったことだろう。

私の手元に、昭和一九年六月の鉄道時刻表の本物が、一冊だけ残っている。東亜交通公社が発行したもので、表紙は青と黒の二色刷りで、蒸気機関車の走る姿が黒で描かれている。中を見てみよう。

巻頭の鉄道地図には、当時日本領だった朝鮮、台湾、樺太はもちろんのこと、満州、支那の華北、華中に至るまで掲載されている。次いで「東京・大阪・九州及鮮満中連絡」のページを見ると、釜山発京城～平壌～奉天経由北京行一・二・三等寝台・和食堂付き急行「興亜」のほか、同じく満州新京方面行急行「ひかり」などの列車がまだ残っているのだ。日本本土の列車からは、

戦前の時刻表表紙、昭和19年6月号（東亜交通公社刊）

すでに一等車、寝台車、食堂車が消えているのに、不思議な気がするが、大東亜共栄圏を目指す日本が、満州・支那へも国威の及んでいることを示すためのものだったろうか。ただ、下関と釜山を結ぶ関釜《かんぷ》連絡船の時刻だけは、さすがに「省略」として処理し、書いていない。

本土を見てみると。東海道線からはすでに特別急行「燕」「富士」「桜」などの姿はなく、九州まで行く急行は、二・三等鹿児島行と門司行の二本だけとなってしまっている。あとの急行は、下関と大阪止まりでそれぞれ二本。それ以外は全部普通列車で、本数もきわめて少ない。最大の幹線がそうなのだから、ほかの路線は想像がつくだろう。ただ上海《シャンハイ》航路に連絡するためか、長崎の一つ先の「長崎港」駅まで行く普通列車が数本残っているのは意外だ。こうして鉄道は少しずつ機能を失いながら、戦争の真っただ中に向かって進んでいくのである。

時刻表の体裁としては、国有の路線も私鉄線も区別しないで、地方ごとに載せてあるのが今と違う。「時刻対照表」として、午後の時間と二四時間制の時間とを対比してあるのが面白い。まだ二四時間制が十分生活の中に溶け込んでいなく、慣れない人が多かったからだろう。

北海道の各線に続き、樺太、沖縄、台湾、朝鮮、満州、中華民国の各線の時刻が載っている。満州では、まだ一・二等車や寝台、食堂車を連結した急行列車が沢山走っているが、有名な満鉄の超特急「あじあ」号は、この時刻表には載っていない。日本の鉄道技術を活かし、大連から奉天、新京、哈爾浜《ハルビン》を結ぶ幹線を、時速一三〇キロの高速で駆け抜けた、全車冷房装置つきの豪華な花形列車だったが、その前年に廃止されてしまったからである。日本の大陸への夢はこうして次々に消えて行く。中華民国の鉄道は、北京・天津《テンシン》・徐州・青島《チンタオ》・南京《ナンキン》・上海・杭州辺りまで、詳しく載ってはいるが、あの戦争のさなか、どの程度実際に走っていたのか、私には判らない。敵の潜水艦がウヨウヨする中だから、北海道の稚内《わっかない》と樺太の大泊《おおどまり》とを結ぶ稚泊《ちはく》連絡船の時刻が省略されているのは仕方ないにしても、青函《せいかん》連絡船の時刻まで省略されているのは、青森から北海道に渡る人たちにとって、どんなに不便であったろう。四国航路の宇高《うこう》連絡船の時刻は示されている。また「勝ち抜くために　重點輸送に協力」「明るい顔だ　勝つ國だ」といった標語があちこちに見られる。こんなに列車が厳しい状況になっても、まだ日本人は戦争に勝つことしか考えていなかったのだろう。

2号車　軍国日本の終点

昭和二〇年（一九四五）になると、東京はもう連日連夜の空襲に見舞われるようになってきた。夜は灯火管制といって、電気の笠に黒い布きれを巻き付けて警戒警報に備え、急を告げるサイレンが鳴り、空襲警報に切り替わるとすぐに消し、鉄兜《てつかぶと》という金属製のヘルメットや、手製の防空頭巾《づきん》をかぶり、庭に掘った防空壕に避難するのである。毎日のように夜中に叩き起こされると、昼間ももうろうとなり、頭がおかしくなってくる。中でも、三月、四月、五月の三大空襲は被害が大きく、悲惨なものであった。

三月一〇日の空襲は、一夜で東京下町のほとんどを焼き尽くす大惨状となった。B29の大編隊が次々に襲いかかる。東の空が真っ赤になり、バチバチと燃える音まで聞こえてくる。小石川の我が家こそ焼失を免れたが、とうとう戦争に住民が巻き込まれるようになってしまったのである。この夜、霞ヶ関の大審院や、今の法務省に当たる司法省も焼け落ちた。一〇万人の死者を含む罹災者は一〇〇万人といわれる最大の規模であった。こんな状態で果たして日本は戦争に勝てるのだろうか。口にこそ出しては言えないが、心の中でそう思うようになったのは、このときからである。

そのすぐ後、父が長崎地裁所長に赴任することになった。父は判事になってから転勤で東京を離れたことがない。その前年、司法省の会計課長をしていたとき、広島地裁所長に転出することが一旦決まったが、そのときも、母が亡くなった直後であまりに気の毒、という上司の特別の計らいで、取りやめになっている。でも今回はむしろ家族全員が疎開するような気持ちで、連日連夜空襲の激しい東京を脱出することにしたのである。学校のある私は東京に残るが、引っ越しを手伝うため長崎まで同行することにした。家具や大きな荷物を沢山自宅に置いたままにしたのは、軍事輸送のため貨車不足で、引っ越し荷物が極端に制限されていたからである。

四月八日、鉄兜や防空頭巾に身を固め、親戚に見送られて悲壮な気持ちで我が家を後にした。戦争末期のこと、長崎への道中はそれこそ大変だった。昔九州へ家族で帰省したときの、汽車ポッポの旅とは大違いで、寝台も食堂も汽車辨當もあったものではない。道中の食糧として親戚の皆さんが沢山のおにぎりを作ってくださったと、幼い妹の静子が記憶している。警戒警報や空襲

長崎へ赴任の朝、親戚に見送られて。
右から２人目鉄製ヘルメット姿が父、３人目が雅子、左端著者

警報に悩まされながらも、長く厳しい汽車旅を続け、福岡で一息入れ、やっと長崎に辿り着いたのは六日後のことであった。

長崎は江戸期以来、九州一の文化都市として栄えた美しい街だが、戦時中は海軍鎮守府のある佐世保一帯とともに軍事上の要塞地帯に指定され、許可なく写真の撮影や写生などが禁止されていた。軍艦を造っていた三菱長崎造船所があったからだろう。それでも東京とは違いまだ空襲もなく、灯火管制もゆるやかで、夕暮れには街に明るく灯がともる。チンチン電車も元気に走っていて、滞在中何度も乗った。私はしばらく滞在した後、一人また長い旅をして東京へ戻った。その間に東京は、四月一三日から一五日にかけての大空襲でさらに焼け野原を広げていた。

相変わらず、連日連夜空襲警報のサイレンが鳴り響く。そしてついに忘れられない五月二五日の大空襲がやってきた。このときは、山の手方面を中心にした爆撃である。B29の大編隊が、夜の空を不気味に覆い尽くし、バラバラと砂利でもまき散らすように焼夷弾《しょういだん》を落としていくのがよく見える。ザーッという音が迫り、落下したとたん真っ赤に火を噴いて、木造の家を次から次へメラメラと燃やしていく。我が家の辺りにも火が迫ってきた。火叩きやバケツリレーの防空演習なんて全く役に立たない。火の海に巻き込まれないように逃げるのが精一杯であった。どこへ逃げたらいいか。猛烈な熱風と火の粉を被って息ができない。水に濡らした手拭で口と鼻を覆い、真っ赤に燃えさかる熱い夜の街を逃げ惑うばかりであった。三月の空襲で焼け野原になっていた下町上野方面に向かって逃げた記憶があるが、あとはよく覚えていない。戦争は軍人や兵隊だけのものでないということを、初めて実感したのである。
敵機が去って悪夢の一夜が明け、茫然となって戻ってみれば、小石川一帯は見渡す限りの焼け野原となっていて、まだあちこちにブスブス火が残り、熱くて歩くこともできない状態であった。しばらくして地熱も収まったころ、焼け跡に線路だけが妙に目につく広い電車通りを辿って行くと、都電清水谷町の電停の柱も茶色に焦げて倒れかかっている。線路の向こうには、はるか帝国議会議事堂まで見通せるではないか。住宅地の焼け跡に踏み入っていくと、子供のころから住み慣れた小石川の我が家は跡形もなく、全ての思い出が灰になっていた。母がよく弾いていたピアノの金属部分だけが、赤茶色の残骸になって、哀れな姿をさらしていた。

焼け出された後、これからのことを相談するためにまた長崎との間を往復することになる。戦争末期の鉄道の旅は本当に厳しかった。罹災証明書があれば切符は買えるが、混み方がひどいのはもちろんのこと、呉や徳山、八幡製鉄所など、要塞地帯や軍需工場のある場所を通るときには、外が見えないように、一斉に窓のブラインドを下ろさなくてはならないのである。こっそり覗こうものなら、たちまちスパイ扱いをされる。また駅のホームで学徒とみると、憲兵や、特高という治安を担当する警察官が声をかけ、すぐ手荷物を検査する。「この本を読んだ感想は」とか「尊敬する人物は誰か」など、思想を調査するためにわざと意地悪な質問をするのである。私も何度かいやな思いをした。

長崎に滞在中、福岡の親戚に縁故疎開をする妹の泰世と静子につき添った際、乗った汽車が空襲に遭って遅れ、深夜鳥栖《とす》で打ち切りとなってしまった。博多まで行く汽車はないし、戦時中のことで泊まる宿もない。途方に暮れていたら、一緒に同行していた裁判所職員の方の機転とご配慮で、登記所の宿直室に泊めていただいたこともある。

再び上京するため長崎線の肥前大浦辺りを走っていたとき、私の乗っていた汽車が突然敵機の襲撃を受けた。機銃掃射という攻撃で、飛行士が見えるほどの近さで襲ってくる。列車は非常事態を告げる悲しげな汽笛をせわしく鳴らして急停車した。お客はみんな荷物で頭を守りながら大急ぎで客車の下にもぐり込んだ。弾丸がブスブスと客車に穴をあける。間一髪のところで助かった私は生きた心地がしなかった。兵隊になって戦地へ行ったら、毎日こんな恐ろしい目に遭うのだろうな、と考えただけでゾッとした。しばらく体が震えて止まらないのである。戦争末期の一番暗いひととき、最後に乗った汽車の思い出がこれであった。

東京に戻った私は、杉並区西荻窪にある浩々居《こうこうきょ》という学生寮に入ることになった、広田弘毅さんが学生時代に作った福岡県出身学生のための寮で、ここには父も昔入居していたことがある。広田さん自身も五月二五日の空襲で焼け出され、重臣の一人として、戦争終結への道をさぐっておられると聞いたが、軍部はまだ聖戦完遂を言い続けていた。しかし戦局はますます悪化しているのがよく判る。連日連夜、全国の都市が相次いで空襲に見舞われ、焼け野原となっていったからである。

そのころ学徒勤労動員の勤め先が変わり、東京中目黒にある海軍技術研究所に通うことになった。軍需工場や防空壕掘りの肉体労働よりは、せめて学業が活かせるとの高校の配慮であった。私たち文科生は敵の情報分析の仕事を命じられた。アメリカの情報や短波放送などを聴いていると、戦局は大本営発表のものとは全くの大違い。いつ日本が降伏するか、という崖っぷちに来ていることを、ここで初めて知り驚いたのである。

そんなアメリカ側の情報で、広島に新型爆弾が投下されたことを知った。父の赴任先が広島でなくてよかったと思ったその矢先、今度は長崎にもっと強力な新型爆弾が落とされたことを知り、目の前が真っ暗になった。どうも放射能を含んだ原子爆弾というものらしい。長崎には、父とすぐ下の妹雅子がいるが、被爆したに違いない。こんな恐ろしい爆弾ではとても助かりっこないと思った。残された兄として、これから先のことが思いやられる。福岡に疎開している下の妹二人を抱え、どうしていったらいいのだろう。

ついにあの玉音《ぎょくおん》放送の日がきた。敗戦の詔勅を聞き、無念さの余り自害する者や、血気にはやりこれからが決戦だと号泣する者も沢山いた中で、海軍部内では、敗戦の状況がそれとなく感じられていたから、比較的冷静にこれを受け止めたように思う。多くの国民は、初めて戦争に負けたことで目標を失い、茫然となった。私は茫然とするより「ああ、これで今日から空襲がなくてすむ、兵隊に行かなくてすむ」と、ホッとした気分になったのが本音である。言葉や態度には出せないが、私と同じように、こんな気持ちになった人もきっと大勢いたと思う。とはいっても、さすがにその日海軍技術研究所を後にするときは、全身の力が抜けた。最寄りの山手線恵比寿《えびす》駅まで一人トボトボと歩いた。私にとって恵比寿駅は、負けた軍国日本の終着を刻む駅となったのである。省線電車はその日もいつものように動いていた。

著名な鉄道紀行作家の宮脇俊三さんは、この玉音放送を山形県の米坂線今泉駅で聴いている。著書の『時刻表昭和史』に「時は止まっていたが汽車は走っていた」との名文を残しているが、まさにその通りであった。全てが一旦ここで止まり終わったのである。戦争は勝つものと教え込まれ、それを信じてきたが、戦争になれば負けることもあるのだと、この日初めて実感した。その夜から、あの悩まされ続けてきた空襲が、おかしいほどピタリと止んだ。しかし日本は「敗戦」という言葉を嫌い、あくまでも「終戦」だと言い続けた。長崎の様子が判ってきたのは、もう少し後になってからである。

3号車　原爆被災者を救え

原爆が投下された長崎は、地獄さながらであった。妹の雅子は当時一四歳で、県立長崎高等女学校の三年生、東京女高師附属高等女学校から転校したばかりだったが、勤労動員で、長崎市内北部の大橋にある三菱兵器工場で働いていた。午前一一時二分、この上空であの原子爆弾が炸裂した。爆心地から僅かな距離の場所である。被爆した雅子は、方角も場所も判らないまま血みどろになって逃げ惑う。道ノ尾駅付近のトンネル壕で一夜を過ごし、翌日はだしのままで爆心地を通り抜け、父の許へ帰り着いたのであった。命こそ助かったものの、それから原爆症に悩まされ、福岡の九大病院に入院して治療を続けたのであった。

そのころ東京にいた私は、終戦後しばらくして父や雅子が命だけは助かったことを知り、ホッとする。そこで私は、我が家の「石田新聞」に、雅子の被爆体験手記を載せようと思い立った。小学生のころから作り続けてきた手書きの家庭新聞で、親戚にも回覧していたものである。早速入院中の雅子に手紙を書き、「みんなが心配しているから、石田新聞に体験記を書いてくれないか」と頼んだ。雅子はまだ病状が治まらず、思い出すのもいやだと渋っていたが、私の熱意に負け、とうとうベッドに臥したまま体験記を綴り、何回かに分け、手紙のようにして送ってくれた。私はそれに「雅子斃《たお》れず」という題をつけ、昭和二〇年（一九四五）一〇月二〇日号から翌年三月九日号まで、七回にわたり連載したのである。

これを読んだ親戚知友から、貴重な体験だから本にしたら、と勧められた。でもこれは家庭内の通信記録で、そんなことは全く考えていなかったし、雅子も「自分よりひどい被爆者が沢山いらっしゃるのに」といやがり反対していた。しかし父も私も、原爆の惨状を後世に伝える歴史の一コマとして、一市民の体験を活字に残すことも大事ではないかと思うようになり、最後まで渋っていた雅子もようやくその気になってくれたので、出版することを決めたのである。ところが今度はアメリカ軍司令部の検閲に引っかかり、「反米感情をあおり、公共の秩序を乱す」という理由で出版を差し止められてしまった。父はそれにもめげず、ありとあらゆる手を打ってこれに立ち向かい、難航の末、昭和二四年（一九四九）ようやく『雅子斃れず』（婦人タイムズ社）は出版された。

この体験記の中に、鉄道について、およそ次のようなくだりがある。関係部分の原文をそのまま引用してみよう。これは「石田新聞」に最初に掲載されたときの文章である。その後、検閲の関係で一部書き改められた部分もあるので、出版本の文章とは少し表現が違っている。

あたりが、だんだんと薄暗くなって来た頃「こんな所で、治療をしてもらへるのを待って居た所で、いつになる事やら分らない、諫早の陸軍病院へ行かう」という事になりました。

やがて道ノ尾の駅に着くと、「諫早の方から汽車が来るからそれに乗り、一旦大橋の所まで行って、そこで重傷者を乗せて又道ノ尾にひきかえし、それから諫早に行くのだ」という事でした。

やがて、汽車が来ました。軽傷者丈残して重傷者は全部乗りました。汽車の中で、みんなが盛に吐いてゐるのです。同じやうな音を立てながら、そして苦しさうに水みたいなものばかり吐くのです。汽車が走り出した頃、私も気持が悪くなって、腹からグウッと上げて来ました。私は吐かうと思って窓から首を出して居ましたが、とうとう出ませんでした。

大橋まで来ると、私達の工場兵器は勿論の事、山の中や市内の方まで黒煙を上げて燃えて居ました。

もうあたりは暗闇になり、もえ上る焔だけが、恐しく真赤に立上ってゐました。大橋ではわずかの兵隊と、巡査が重傷者を汽車にのせ始めました。

草の上では泣き叫び、苦しむ人々が汽車に乗せてもらふのを、待ってゐるのでした。もうその時は、可愛さう、と思ふ心も、気の毒、と思ふ心もすっかり忘れてゐるやうでした。やがて汽車は暗い中を走り出し、又道ノ尾の停車場にかへって来ました。其の時海軍さんが、「今から諫早へ行っても、もう治療はしてくれないから、トンネル壕に行って寝よう」と言ったので、道ノ尾で私達は降りました。

当時の長崎本線は、今の特急「かもめ」がトンネルを抜けていきなり長崎市内に入る新線では

「響け汽笛よ」寺井邦人画、長崎原爆救援列車の図
（長崎原爆資料館所蔵）

なく、長与《ながよ》の長いトンネルで山越えをする旧線である。諫早から喜々津、大草、長与、道ノ尾の各駅を経て浦上、長崎へと通じていた。雅子の記述によれば、あの原爆直後に、道ノ尾駅から爆心地の浦上に近い大橋の辺りまで、救援列車が走ったというのである。本当にそんなことがあったのだろうか。どうやって線路を走ることができたのだろうか。話は少し先に飛ぶ。

平成一七年（二〇〇五）七月六日付け読売新聞夕刊・西部版に連載中の「桃坂豊のガタンゴトン」に、「原爆負傷者　機転の搬送」という題で、次のような文が載せられた。

長崎原爆の日、一つの偶然で負傷者の搬送に活躍することになった列車があった。旅客用蒸気機関車の名機として有名なC51形にけん引された八両編成の長崎行き旅客列車だ。

この列車は、一九四五年（昭和二〇年）八月九日午前一一時二分、長崎市浦上の上空で原子爆弾がさく裂したとき、本来は、ちょうど爆心地の真下辺りを運行しているところだったが、一五分遅れていたため、長崎市に隣接する長与町の長与駅に停車中だった。

同駅から爆心地まで約五キロ。列車は被害を免れ、列車の機関士らは、混乱の中で情報を集めた。すると、同駅から長崎駅寄りの道ノ尾駅までは線路が使えることがわかった。列車はゆっくりとした速度で進み、道ノ尾駅に到着。同駅では機関士の判断で、機関車を最後部に付け替え、客車を先頭に、係員の誘導により、慎重に進んだ。

これは、線路が傷んでいるため、重量のある機関車が先頭で進むと、脱線した場合、取り返しがつかないことになる。しかし、客車なら脱線しても、切り離してそのまま放置すれば、列車は動くと考えたからだ。実に合理的で冷静沈着な機関士の判断だったのだ。

列車は途中で乗客を降ろした後、結局、道ノ尾駅のさらに長崎駅寄りの浦上川の手前五〇〇米の西町踏切付近まで進むことができた。

列車は、ここで負傷者搬送列車に変身、約七〇〇人近い負傷者を乗せ、負傷者は、諫早市の病院や大村線沿いの海軍病院などで、治療を受けることができた。この日だけでも救援列車は四本運転され、被爆者約二五〇〇人を運んだと記録にある。

この文章で雅子の文章が裏付けられた。救援列車は本当に走り、爆心地まで乗り入れていた。雅子はその日、暮れかかるころの列車に実際に乗り、道ノ尾と大橋の間の鉄道線路を往復していたのである。救援列車の車内の様子が手にとるように詳しく判る。夕闇迫る爆心地に響くC51型蒸気機関車の悲鳴のような甲高い汽笛が聞こえてくるようだ。それにしても、原爆投下直後にこんな救援列車が爆心地を走ったというのは、全く驚くほかはない。

原爆第一号の被災地広島では、チンチン路面電車が被爆後わずか三日後に走り出し、市民に希望を与えたという。『チンチン電車と女学生』（堀川恵子ほか著・日本評論社）という本も出版され、鉄道復旧の涙ぐましい物語としてこの話はよく伝えられているが、長崎原爆の救援列車のことも、もっと知られていいのではないか。

最近、長崎市の大橋近くの道路端、爆心地から北へ約一キロの地点に「原爆救援列車運行の地」という表示板が掲げられた。C51型蒸気機関車の写真とともに、当時の状況が詳しく説明されている。それによると、運んだのは約三五〇〇人、早くも翌日から鉄道復旧作業が始まり、八月一二日長崎駅まで開通させたとある。鉄道の復旧は、長崎市民にとってどんなに心強いことであったろう。広島の電車に負けない快挙だと思う。

桃坂さんとは、これがご縁でおつきあいが始まり、平成二〇年（二〇〇八）には、私と彼との共著で『沖縄・九州鉄道チャンプルー』（弦書房）という本を出した。

一方、父はそのとき長崎市内八百屋町にあった地裁所長官舎で被爆し、怪我や原爆症に悩まされながらも、生き延びた。官舎も壊れたが修理し、父が六年後の昭和二六年（一九五一）京都地裁所長に転出するまで住み続けた。この官舎は、洋館の公用部分と和室の居住部分に分かれていたが、現在この官舎の洋館部分が、市内グラバー園の中に移築保存されている。また父は、フィルムが手に入らないこの時期に、爆心地を巡って、浦上天主堂の廃墟、雅子の被爆現場などの写真を沢山撮って残した。その中には、荒野となった爆心地を蒸気機関車がひく長崎線の列車風景もある。一〇〇点以上に及ぶこれらの写真は、その後長崎原爆資料館に寄贈、保存されている。

『雅子斃れず』は、最近、長崎総合科学大学教授の横手一彦さんら研究者によって再評価された。被爆直後、最も早い時期に文章化された最初の体験記で、一四歳の少女の純粋な眼差しによる価値のあるものだというのである。横手さんの『長崎・そのときの被爆少女』（時事通信社）の出版に続き、平成二六年（二〇一四）には、東京の平和文庫から『雅子斃れず』の復刻版（日本ブックエース）が出版された。また県立長崎図書館で雅子と父に関する展示会も開催された。雅子が「石田新聞」に書いてから実に七〇年ぶりのことで、本人が一番驚いている。これからは気持ちを切り替え、原爆の悲惨な体験を進んで語り伝えていきたい、と言っている。

4号車　特急平和は長崎から

敗戦後の鉄道旅行は、戦時中にもまして厳しかった。まず東京の近距離電車は、食糧の買い出し客で超満員であった。食糧がなく、みんな近郊の農家にお芋を買いに行くのである。三多摩地区や埼玉県、ときには千葉県のほうまで出かけて、農家を回り「お芋を少し分けてください」と頭を下げて頼む。大抵断られるが、中には渋い顔をしながら「今回限りだよ」と言って売ってくれる農家もある。買っても三貫目、約一二キロがやっと。おなかがすいて、それ以上は重くて持てないのである。そして帰りの満員電車は悲壮感に溢れていた。運が悪いと取り締まりに遭う。食糧、とくにお米の販売や移動は厳しく規制されていた。お芋も僅かなら見逃してくれるが、大量だと没収される。お芋にまぎれて米でも持っていようものなら、たちまち引っ張られるのだ。重いリュックを背負い、駅からはき出されるとホッとしたものだった。

また一〇〇キロを超える長距離切符の発売は、極端に制限され。徹夜で並んでもなかなか買えなかった。昨今の指定券前売りに、一〇時から何秒でゲットできるかどうか、というような厳しさとは、全く訳が違うのである。

昭和二〇年の秋、私は終戦のあと初めて汽車に乗り、原爆の長崎に向かった。やっとの思いで切符を手に入れ、東京駅のホームに並んで待っていると、列車が入ってきた。ところが何と客車は二両で、あとはみんな貨車である。まるでローカル線でよく見られた貨客混合列車といった感じなのだ。戦災で客車が焼けて足りなくなっていたからである。とても客車に乗れる状態ではないので、私は大勢の人と一緒に貨車に乗り込んだ。

乗ったのは「ワム」という記号をつけた黒い有蓋貨車である。屋根はついているが、窓が全くなく、電灯もない。大きな扉を閉めてしまうと真っ暗になるので、ちょっとだけ開けておく。貨車の中は座る隙間もないほどの大混雑で、人いきれですぐ苦しくなる。

「気持ちが悪くなった、扉をもう少し開けてくれ」「いや、寒くてたまらない。もっと閉めろ」貨車の中ではこんな叫び声が飛び交う。トンネルに入ると、蒸気機関車の吐く煙が扉の隙間から貨車の中に容赦なく入ってくる。石炭の質が悪いのでものすごく臭い。中学のころ、ガスマスクを着けてガス室に閉じ込められたときのことを思い出した。顔が真っ黒になるなんていう生やさしいものではなかった。

貨車だから、それはそれはガタンゴトンとよく揺れた。これで門司まで二昼夜、三五時間の長い旅をしたのである。おなかもペコペコだったはずだが、途中何を食べて飢えをしのいだかは全く記憶がない。多分食べるどころの余裕もなかったのだろう。家庭に配給される僅かなお米に代

被爆後の爆心地を行く長崎本線列車（著者の父石田壽撮影）
原本は長崎原爆資料館に寄贈してある

わる「旅行者用外食券」を持っていれば、外食や代用食の駅弁が買えるはずなのだが、とても使える状況ではなかったように思う。

旅の途中、急行の止まるような大きな都市は、一つ一つどこもみんな戦災に遭い焼け野原になっていた。痛ましい街の風景を見ながら、これが戦争に負けた國の姿かと、胸が詰まる思いであった。焼け跡は、東京と同じようにみんな赤茶色をしている。ところが広島を通ったとき、廃墟はとても黒く感じた。一発の原子爆弾で壊滅した恐ろしさにゾッとするのであった。おそらく長崎もこんな状態に違いない。

門司から先はようやく客車に乗れたが、これも通路まで一杯の混雑であった。長崎市に入ると様相は一変、道ノ尾から先は、それこそ見渡す限りの荒野になっていた。

広島と違い、長崎の廃墟は真っ白い感じであった。後に知る沖縄地上戦の跡は灰色の砂漠であったという。これらの色はそれぞれ負けいくさを象徴しているかのようであった。長崎線の列車は全て浦上駅止まりで、長崎駅までは行けなかった。

やっと長崎に辿り着いたのに、父が福岡に出張中で行き違いになったような、おぼろげな記憶もあるが、はっきりしない。当時は市外電話なんてとてもとても、郵便も輸送事情や進駐軍の検閲などで遅れ、なかなか連絡が取りにくかったからだろう。結局、被爆後初めて父や妹雅子といつどこで会ったたか、全く記憶にない。

長崎からの帰りも大変だった。ことに門司と下関間の列車はどれも超満員で、乗り込むことができない。最後の手段でデッキの手すりにぶら下がった。背中のリュックが信号機の柱にぶつかる。関門トンネルの中では海水が滝のように降ってくる。生きた心地もなくやっと下関に到着した、下関始発の列車ももちろん座るどころではなかった。

その後何度か長崎を往復することになるが、列車の運行状況は、戦時中よりもひどかった。線路だけは復旧していたものの、戦災を免れた機関車、客車はとても数が少なく、列車の本数も極端に減らされているから、乗り込むだけでも大変なのである。一枚の紙に印刷された時刻表もあり、列車もゴトゴト走ってはくれるのだが、混乱期のことだから、どの列車に乗ったかもはっきりしない。その代わり、小さな駅にもよく停車するので、東京と長崎間の駅名は全部覚えてしまった。

蒸気機関車の炭水車や、電気機関車のデッキはおろか、客車の屋根や連結器の上まで鈴なりである。客車のデッキからはとても乗り込めないので、窓の隙間から体を突っ込み出たり入ったりする。車内はすし詰めで、通路、便所、座席の下、網棚の上まで人で一杯である。私も一度網棚に乗ったが、今と違い網棚には本当に網が張ってあり、床にうずくまるよりはマシであった。窓ガラスは割れてベニヤ板を打ち付けてあり、外の景色はほとんど見ることができない。汽車辨當どころの話ではなく、誰もがひもじい思いをし、顔を真っ黒にしてゴトンゴトンという揺れに身を任せるのであった。私もそんな惨めな思いをしながら旅を続けたのだが、よくぞ汽車がきらいにならなかったと思う。

それでも戦時中と違って、要塞地帯がなくなり、空襲警報の待避や、敵機の機銃掃射もない。憲兵、特高の目が光るあの暗さよりは、はるかにマシであった。すれ違う兵士の復員列車、大陸からの住民引揚専用列車はどれも鈴なりの超満員で、疲れ果てた姿があわれだったが、表情にはかすかに明るさが漂っている。あの戦時中の列車、日の丸を振って見送った出征兵士の緊張した面持ちとを、思い比べるのであった。

こんな敗戦列車を無視するかのように、時折、窓の下に白い帯を描いた一等車のような進駐軍専用列車が、気持ち良さそうに走り抜いていく。大きな駅にはＲＴＯという進駐軍鉄道司令部の事務所が設けられていて、覗くこともできなかった。省線電車も先頭の半両が進駐軍専用になっていた。

それに引き替え、通勤通学用の電車や、都電などは、わりと早く復旧が進んでいたように思う。どれもすし詰めの満員電車、お客はみんな栄養失調で痩せ細り、疲れ切ってはいたが、戦時中の暗い影は消えていた。街には「リンゴの唄」や「東京ブギウギ」などの歌が流れ、服装も明るい色を取り戻しつつあった。進駐軍が持ち込んだジープの威力に驚いていたころのことで、バスを含む自動車は、まだほとんど走っていなかったから、鉄道による地域の交通がかえって大事にされたのだろう。鉄道は大都市の戦災からの復興に大いに役立った。

長距離列車の旅も少しずつ緩和されてきたので、昭和二二年（一九四七）の夏、九州に帰省する学友と東海道線を西に向かった。ところが途中、神戸の先で山陽線が土砂崩れのため不通になってしまったのである。列車は大阪で打ち切るという。そこで仕方なく、山陰線で和田山に行き、播但《ばんたん》線を回って姫路に出た。長い迂回コースの各駅停車、車内は混み合っていたが、幹線と違い、戦災を受けなかった途中沿線の景色は美しく、よき時代の日本の風景を思わせるものがあった。ローカル線の旅の面白さと楽しさを初めて知ったのは、このときであった。

父はそのころ、県立長崎高女の先生をしていた槇《まき》と再婚し、やがて弟の道雄が生まれた。私たち四人の子供もいる家庭に入って大変だったと思う。槇自身もまた被爆者であったが、原爆投下当時、雅子のように傷ついた教え子たちの救護に、懸命の努力をしたそうだ。

食べ物はまだ十分でなかったが、世の中は少し落ち着いてきて、学徒らしい勉学ムードがやっと戻り始めたのである。私は、この日本の姿を見て、戦争さえなければ必ず日本は立ち直れる、これからの復興は、都市計画や街づくり、それを支える交通の問題が大切だと思うようになってきた。

旧制成蹊高校三年在学中のこと、私は、心ある仲間と一緒に文化クラブの地理研究部を作り、日本の復興と将来を見据えようと、活動を始めた。「國敗れて山河あり」という言葉もある。終戦直後の混乱期に芋腹をかかえ、遙かに秩父連峰を望みながら、私は次のような抱負を述べたことが、部誌に残っている。

「新しい日本を築くためには是非とも我々自身、この日本の姿を知らなければならない。冷静な目で先ず国土を見つめる事が新時代の若人のつとめであり、同好の士が集まって地理を研究していく事は大いに意味がある」

戦時中、地図は軍の機密にかかわるため、なかなか手に入らなかった。そこで私たちの活動は、軍が放出した参謀本部の五万分の一の地図を集めることから始まった。部長は一番年上の私がなり、定期的に集まっては、街づくりや鉄道の果たす役割などの意見を交換したり、文化祭に研究の成果を発表したり、部誌を発行したりした。放課後を中心に、仲間同士おしゃべりするのが実に楽しかった。その中には、後に東大や慶応の教授として日本の都市工学の権威となった伊藤滋さんもいたから、かなり色濃い議論もしたと思う。

その後東京帝大法学部に進んだ私は、法律よりも、街づくりや交通政策などの講座に興味をもち、聴講した。経済学部の今野源八郎先生の交通政策の授業はとくに楽しみで、アメリカの自動車高速道のクローバ型立体交差の話は、目からウロコが落ちる思いがした。これに刺激され、将来はマイカー時代が来ると思い、早速小型ダットサンで運転免許を取った。まだガソリン車でなく、木炭自動車であった。木炭自動車は、ガソリン不足の戦時中に代用として生まれたもので、車が背負ったオカマで木炭を焚き、そのガスでノロノロと走るのである。将来は、鉄道関係か、運輸省とか建設省、今の国土交通省に就職したいと思っていたから、公務員試験も受け面接までいったのだが、どういう風の吹き回しか、法律家の路線を進むことになってしまう。卒業のときは、もう新制の東京大学になっていた。

ようやく平和を迎えた日本は、少しずつ復興へ向かって歩み始める。国鉄は、長距離を走れる高性能の湘南《しょうなん》電車を、ミカン色と緑色に塗り分けた車両で登場させ、みんなをアッと言わせた。これが後に電車特急や新幹線へと進化する。また小石川の自宅近くに地下鉄丸ノ内線が開通し、茗荷谷《みょうがだに》駅ができたとき、真っ赤な車体に銀色の波を描いた車両が地上にちょっと顔を出すのを見て、何とすてきな電車だろうと思った。それまでの鉄道車両は、ほとんどが焦げ茶のような栗色だったからである。車両の色を変えるだけで、こんなにイメージが違うのである。これからの鉄道の夢がふくらむような気がした。国鉄の車両も青や薄緑色のものが登場したが、昨今のように色とりどりの華やかな電車が走るなんて想像もつかなかった。今では阪急電車の栗色が、かえって新鮮なくらいである。

街には建設の槌音が響く。鉄道もようやく戦前の状態に一歩一歩戻りつつあった。昭和二四年（一九四九）六月には、運輸省から分かれた日本国有鉄道「国鉄」が誕生する。その九月には、戦後初めて特急列車が復活したのである。この列車は「へいわ」号と名付けられた。東京と大阪を九時間で結び、一・二・三等車と食堂車、最後尾には一等展望車まで連結され、丸い「へいわ」のトレインマークをつけて、颯爽と登場した。まだまだ資材のないときで、かなり無理をして走らせたに違いないが、戦後の鉄道復活のシンボル列車であった。

「平和」という言葉は、今でこそ、当たり前のように、むしろ軽く使われる傾向にあるが、その当時としてはとても重く、新鮮な響きをもつ言葉だった。何しろ私は、子供のころから戦争とか軍事とかに追われる日々が続き、平和という言葉を、まともに聞いたり使ったりしたことがなかったからである。戦後、長崎で被爆しながら助かった父は、広島の「ノー・モア・ヒロシマ」に対応して「ピース・フロム・ナガサキ」という言葉を使い、平和は長崎からと、全国や世界に訴え呼びかけていた。私は、最初に「平和」という言葉を聞いたとき、胸が震えるほどの感動を覚えたものである。

それほど重い言葉だったはずなのに、走り出した特急「へいわ」は短命であった。敗戦による平和は人気がなかったのか、その後まもなく「つばめ」と名前を変えてしまう。「つばめ」は、国鉄にとって由緒ある懐かしい名前であり。これが復活したのは嬉しかったが、「へいわ」も、

弦書房
出版案内

2025年初夏

『水俣物語』より
写真・小柴一良（第44回土門拳賞受賞）

弦書房
〒810-0041　福岡市中央区大名2-2-43-301
電話　092(726)9885　FAX　092(726)9886
URL　http://genshobo.com/　E-mail　books@genshobo.com

◆表示価格はすべて税別です
◆送料無料（ただし、1000円未満の場合は送料 250円を申し受けます）
◆図書目録請求呈

◆水俣病公式確認69年◆

◆第44回 土門拳賞受賞

水俣物語 MINAMATA STORY 1971～2024

小柴一良　生活者の視点から撮影された写真二五一点が、静かな怒りと鎮魂の思いと共に胸を打つ。3000円

【新装版】死民と日常 私の水俣病闘争

渡辺京二　著者初の水俣病闘争論集。市民運動とは一線を画した〈闘争〉の本質を語る注目の一冊。1900円

8のテーマで読む水俣病

高峰武　これから知りたい人のための入門書。学びの手がかりを「8のテーマ」で語り、最新情報も収録した一冊。2000円

非観光的な場所への旅

満腹の惑星 誰が飯にありつけるのか

木村聡　問題を抱えた、世界各地で生きる人々の御馳走風景を訪ねたフードドキュメンタリー。2100円

不謹慎な旅 1・2 負の記憶を巡る「ダークツーリズム」

木村聡　哀しみの記憶を宿す、負の遺産をめぐる場所へご案内。40＋35の旅のかたちを写真とともにルポ。各2000円

戦後八〇年

占領と引揚げの肖像 BEPPU 1945-1956

下川正晴　占領軍と引揚げ者でひしめく街、別府がBEPPUであった頃の戦後史。地域戦後史を東アジアの視野から再検証。2200円

十五年戦争と軍都・佐伯 ある地方都市の軍国化と戦後復興

軸丸浩　満州事変勃発から太平洋戦争終結まで、連合艦隊・海軍航空隊と共存した地方都市＝軍都の戦中戦後。2000円

戦場の漂流者 千二百分の一の二等兵

語り・半田正夫／文・稲垣尚友　戦場を日常のごとく生き抜いた最下層兵の驚異的漂流記。1800円

占領下のトカラ 北緯三十度以南で生きる

語り・半田正夫／文・稲垣尚友　米軍の軍政下にあった当時、島民の世話役として生きた帰還兵の真実の声。1800円

占領下の新聞 別府からみた戦後ニッポン

白土康代　別府で昭和21年3月から24年10月までにGHQの検閲を受け発行された52種類の新聞がプランゲ文庫から甦る。2100円

日本統治下の朝鮮シネマ群像 《戦争と近代の同時代史》

下川正晴　一九三〇～四〇年代、日本統治下の国策映画と日朝映画人の個人史をもとに、当時の実相に迫る。2200円

近代化遺産シリーズ

産業遺産巡礼《日本編》

市原猛志　全国津々浦々20年におよぶ調査の中から、選りすぐりの212か所を掲載。写真六〇〇点以上。その遺産はなぜそこにあるのか。　２２００円

九州遺産《近現代遺産編101》

砂田光紀　世界遺産「明治日本の産業革命遺産」九州内の主要な遺産群を収録。八幡製鉄所、三池炭鉱、集成館、軍艦島、三菱長崎造船所など101施設を紹介。　【好評12刷】２０００円

肥薩線の近代化遺産

熊本産業遺産研究会[編]　全国屈指の鉄道ファン人気の路線。二〇二〇年の水害で流失した「球磨川第一橋梁」など、建造物・構造物の姿を写真と文で記録した貴重な一冊。　２１００円

熊本の近代化遺産 上 下

熊本産業遺産研究会・熊本まちなみトラスト　熊本県下の遺産を全2巻で紹介。世界遺産推薦の「三角港」「万田坑」を含む貴重な遺産を収録。　各１９００円

北九州の近代化遺産

北九州地域史研究会編　日本の近代化遺産の密集地北九州。産業・軍事・商業・生活遺産など60ヶ所を案内。　２２００円

比較文化という道

歴史を複眼で見る　２０１４〜２０２４

平川祐弘　鷗外、漱石、紫式部も、複眼の視角でとらえて語る。ダンテ『神曲』の翻訳者、比較文化関係論の碩学による84の卓見。　２１００円

メタファー思考は科学の母

大嶋 仁　心の傷は過去の記憶を再生し誰かに伝えることでいやされていく。その文学的思考の大切さを説く。　１９００円

生きた言語とは何か　思考停止への警鐘

大嶋 仁　なぜ私たちは、実感のない言葉に惑わされるのか。文学・科学の両面から考察。　１９００円

比較文学論集　日本・中国・ロシア
《金原理先生と清水孝純先生を偲んで》

日本比較文学会九州支部[編]西槇偉[監修]　安部公房、漱石、司馬遷、プルースト等を軸に、最新の比較文学論を展開。　２８００円

[新編] 荒野に立つ虹

渡辺京二　行きづまった現代文明をどう見極めればよいのか。二つの課題と対峙した思索の書。　２７００円

玄洋社とは何か

浦辺登　テロリスト集団という虚像から自由民権団体という実像へ修正を迫る。近代史の穴を埋める労作！　２０００円

◆各種出版承ります

歴史書、画文集、句歌集、詩集、随筆集など様々な分野の本作りを行っています。ぜひお気軽にご連絡ください。

☎０９２・７２６・９８８５　e-mail books@genshobo.com

上り 長崎本線・佐世保線・柚木線

（上り） 長　崎・佐　世　保――鳥　栖　長崎本線及佐世保線　（33.10.1 改正）

粁程	駅名 ＼ 列車番号	338	314	416	340	342	316	815	318	344	406	818	922	320	819
	行先	肥前山口	肥前山口	門司港	肥前山口	博多	岡山・佐世保	長崎	鳥栖	佐賀	広島 準急	佐世保	佐世保・加津佐	門司港	長崎
0.0	長崎発	....	....	....	....	611	550	....	705	....	810	852	1002	1018	↰
1.6	浦上〃	....	....	....	....	615	555	....	709	....	814	857	1005	1022	2・3
6.2	道ノ尾〃	....	....	....	....	621	603	....	718	....	レ	907	レ	1031	....
9.7	長与〃	....	....	....	....	626	609	....	723	....	レ	917	1017	1037	....
12.8	本川内〃	....	....	....	....	640	レ	....	レ	....	2・3	931	レ	1049	....
17.9	大草〃	....	....	....	....	レ	625	....	739	....	準急	943	レ	1104	....
25.1	喜々津〃	....	....	....	....	2・3	635	....	749	....	レ	954	レ	1114	....
31.6	諫早着	....	....	....	....	704	643	....	758	....	853	1003	1043	1123	....
	諫早発	....	541	....	....	705	647	↰	807	....	856	1015	1049	1136	....
34.5	東諫早〃	....	546	....	....	レ	652	一部佐世保着909	813	....	（大村線経由）	佐世保着1158	佐世保着1210 加津佐着1316	1142	....
36.4	肥前長田〃	....	550	....	....	(気)	656		817	....				1146	....
41.1	小江〃	....	556	....	....	レ	702		823	....				1153	....
44.4	湯江〃	....	602	....	....	718	727		829	....				1201	....
49.7	小長井〃	....	611	....	....	レ	735		838	(気)		....		1209	....
56.4	肥前大浦〃	....	624	....	....	レ	745		848	1017		....		1220	....
64.3	多良〃	....	635	....	....	レ	756	....	859	1028		....	(気)	1231	....
68.4	肥前飯田〃	....	642	....	....	レ	803	....	906	1036		....	....	1238	....
70.5	肥前七浦〃	(気)	646	....	(気)	レ	807	....	911	1048		....	....	1243	....
74.4	肥前浜〃	559	654	....	730	レ	814	....	918	1055		....	....	1250	....
77.4	肥前鹿島〃	604	659	....	735	753	819	....	923	1107		....	....	1256	....
82.6	肥前竜王〃	612	706	....	743	レ	826	....	931	1114		....	....	1303	....
87.3	肥前白石〃	619	711	....	750	レ	833	....	940	1121		....	....	1310	....
92.4	肥前山口着	626	719	2・3	757	808	840	....	948	1128		....	....	1317	....
粁程	列車番号	512	811	416	921	438	220	815	420	833		422	516	424	819
0.0	佐世保発	015	518	544	730	705	岡山行	805	819	928		1018	856	1145	1259
3.3	日宇〃	022	525	551	735	710		811	825	935		1024	903	1152	1306
6.2	大塔〃	028	531	558	741	レ		2・3	830	941		1029	910	1159	1315
8.9	早岐着	034	537	604	746	718	2・3	820	836	947	955	1034	916	1205	1321
	早岐発	....	546	610	747	721	730	821	843	1002	1006	1040	....	1210	1328
13.1	三河内〃	....	長崎着818	618	長崎着946	(気)	739	長崎着1009	850	長崎着1243	レ	1047	....	1218	長崎着1558
20.6	有田〃	....		630		736	751		901		1021	1058	....	1229	
23.1	上有田〃	....		636		740	757		907		レ	1104	....	1235	
27.3	三間坂〃	....	....	643	(気)	746	804	....	914	....	レ	1111	....	1245	....
30.5	永尾〃	....	414	648	....	レ	810	....	919	....	レ	1117	....	1250	....
35.1	武雄〃	....	604	704	....	755	818	....	928	....	1040	1124	....	1258	....
37.4	高橋〃	香椎行	608	708	(気)	レ	822	....	932	....	レ	1128	....	1302	....
41.4	北方〃		617	715	442	レ	828	....	938	....	レ	1134	....	1308	....
43.7	大町〃		622	720	西唐津発621	805	833	....	942	(気)	1050	1138	....	1312	....
48.8	肥前山口着	312	630	728		810	841	....	949	344	1057	1144	....	1318	....
92.4	肥前山口発	536	632	730		817	847	....	1000	1129	1058	1152	....	1331	↰（門司港肥前山口間 2・3）
97.8	牛津〃	544	642	738		823	856	....	1009	1139	レ	1159	....	1339	
100.6	久保田〃	549	650	744	734	レ	902	....	1019	1145	1109	1207	....	1345	
104.0	鍋島〃	556	657	751	739	レ	909	....	1026	1151	レ	1214	....	1351	
107.1	佐賀〃	606	707	802	748	837	917	....	1035	1156	1119	1226	....	1400	
111.9	伊賀屋〃	614	714	810	754	2・3	927	....	1043		レ	1232	....	1407	
116.4	神埼〃	621	722	818	801	846	939	....	1050	....	レ	1239	....	1415	
119.0	三田川〃	627	727	823	806	レ	944	....	1056	....	レ	1248		1421	
123.6	中原〃	637	736	832	814	859	957	....	1105	....	1141	1255		1430	....
127.9	肥前麓〃	645	744	840	822	レ	1005	—	1113	....	レ	1301	....	1438	....
132.1	鳥栖着	652	750	847	828	908	1011	—	1119	....	1152	1307	....	1445	....
....	終着	香椎	門	司港	博多	博多	岡山	....	—	....	広島	....	....	門司	港
....		827	....	1222	915	954	2333	....	—	....	1835	....	....	1808	....

駅名 ＼ 列車番号	324	6	326	824	826	34	328	924	828	522	330	830	412
行先	鳥栖・有田	東京 特急	肥前山口	佐世保	佐世保	東京 急行	肥前山口	佐世保・加津佐	佐世保	早岐	小長井	佐世保	門司港
長崎発	1417	1500	1602	1648	1715	1745	1751	1822	1900	....	1929	2122	2302
浦上〃	1421	レ	1606	1652	1719	レ	1755	1825	1904	....	1935	2126	2306
道ノ尾〃	1430	2・3	1616	レ	1727	2・3	1804	レ	1915	....	1943	2134	2315
長与〃	1435	特急	1623	1705	1733	急行	1810	1837	1926	....	1950	2139	2320
本川内〃	1446	（平和）	1635	レ	レ	（雲仙）	1821	(気)	1945	....	2001	2150	2・3
大草〃	1459		1647	2・3	1748		1830	1851	1955	....	2010	2201	2336
喜々津〃	1510		1658	レ	1759		1840	1903	2005	....	2023	2211	2346
諫早着	1518	1537	1707	1736	1807	1822	1848	1910	2014	....	2031	2219	2355
諫早発	1550	1540	1716	1738	1812	1825	1856	1918	2018	....	2047	2227	2400
東諫早〃	1555	レ	1721	佐世保着1912	佐世保着1956	レ	1903	佐世保着2031 加津佐着2142	佐世保着2201	....	2053	佐世保着2357	（大村線経由）
肥前長田〃	1559		1725				1908			....	2058		
小江〃	1605	レ	1732				1916			....	2107		
湯江〃	1611	レ	1738	....	....		1922			....	2114		
小長井〃	1619	レ	1746	....	348	C	1931		....	....	2124	....	
肥前大浦〃	1630	レ	1756	....	1919	3	1945		....	....		....	
多良〃	1642	A.B	1807	....	1933		1957	....	....	....	....	....	
肥前飯田〃	1648	3	1814	(気)	1939	レ	2004	....	....	....	....	....	
肥前七浦〃	1653		1818	346	1944	レ	2009	....	....	....	....	....	
肥前浜〃	1702	レ	1827	1542	1950	レ	2020	....	....	....	....	....	
肥前鹿島〃	1707	レ	1833	1549		1919	2031	....	....	....	....	....	
肥前竜王〃	1715	レ	1840	1556	(気)	レ	2038	....	....	....	....	....	
肥前白石〃	1721	レ	1846	1603	....	レ	2045	....	....	....	....	....	
肥前山口着	1729	レ	1853	1610	....	1936	2052	....	....	....	....	....	
列車番号			923	428	430		823	520	432	522	434	524	
佐世保発			1452	1539	1725		1630	1831	1930	2110	2136	2245	
日宇〃			1457	1546	1734		1637	1838	1937	2116	2142	2250	
大塔〃			1503	1553	1742		1642	1844	1944	2122	2148	2256	
早岐着			1508	1559	1747		1647	1850	1950	2127	2153	2301	118
早岐発			1509	1604	1752		1651	....	1956	(気)	2202	(気)	135
三河内〃			長崎着1723	1612	1759	（東京博多間 A.B）	長崎着1923	....	2004	....	2210	2・3	144
有田〃				1624	1810			....	2016	....	2222	....	200
上有田〃				1631	1815			↱一部諫早着2120	2023	....	2228	....	207
三間坂〃			(気)	1638	1822		....		2030	....	2235	....	214
永尾〃			....	1643	1827		....		2036	....	2240	....	レ
武雄〃			....	1655	1836		....		2044	....	2247	....	228
高橋〃			....	1700	1840		....		2048	....		....	233
北方〃			....	1706	1846		....		2054	....	....	....	240
大町〃			....	1710	1851		....	....	2059	....	....	....	245
肥前山口着			(気)	1717	1857		....	....	2106	....	....	....	253
肥前山口発	1734	レ	博多行	1719	1903	1937	....	....	2110	....	....	....	256
牛津〃	1741	レ		1726	1910	レ	....	....	2117	....	....	....	304
久保田〃	1747	レ		1731	1914	レ	....	(気)	2124	....	....	....	310
鍋島〃	1752	レ	444	1737	1920	レ	....	542	2129	....	....	....	レ
佐賀〃	1802	1701	1830	1747	1926	1956	....	2034	2139	....	....	....	328
伊賀屋〃	1808	レ	1836	1755	1933	レ	....	2047	2146	....	....		335
神埼〃	1815	レ	1843	1802	1939	レ	....	2056	2153	....	....	....	343
三田川〃	1820	レ	1848	1807	1944	レ	—	2101	2159	....	....	....	348
中原〃	1827	レ	1858	1814	1951	レ	....	2111	2206		....	....	357
肥前麓〃	1833	レ	1905	1821	1957	レ	....	2119	2212	..	....	....	レ
鳥栖着	1839	レ	1911	1827	2003	2023	....	2125	2218	..	....	....	412
終着	....	東京	博多	....	....	東京	....	....	....	....	....	門	司港
	....	1110	1953	....	....	1823	....	....	....	....	....	....	746

↱本表の外佐世保発1803早岐行あり

長崎発16：00東京行２・３等寝台特急「平和」が掲載されている
（日本時間表、昭和34年１月号より抜粋）
――石田穣一鉄道図書コレクションから

もうしばらくは続いて欲しかった。

昭和三二年（一九五七）には、九州寝台特急「あさかぜ」に続き、東京と長崎を結ぶ寝台特急「さちかぜ」が誕生した。二等・三等の寝台車も復活し連結されたのである。あの戦争のさなか、長崎から特別急行「富士」が消えて一五年ぶりの快挙であった。この「さちかぜ」は、昭和三三年（一九五八）一〇月から翌三四年七月までの短い間、特急「平和」と名前を変えて、東京と長崎間を走った。まさに平和の復活である。

父はそのときもう長崎にはいなかったが、「平和は長崎から」の呼びかけ通り、一時本当に特急「平和」は長崎から発車したのである。

特急「平和」はその後、戦後の名特急「さくら」と名前を変え、車体も新しいブルートレイン寝台特急に生まれ変わり、列車番号第一列車として長く走り続けた。また、大阪と広島を結ぶディーゼル特急にも「へいわ」という名前がついたが、これも短命に終わった。どうも「平和」はあまり長続きしないものらしい。残念ながら私はとうとう、どの「平和」号にも乗るチャンスを失したのである。

【第三列車】

乗り歩きの汽車ポッポ判事

1号車　足尾線のショック

学生時代、戦災復興のための街づくりや都市計画、鉄道の再建などに興味をもち、将来はその方面に進もうと思っていたが、司法試験にも合格したのをきっかけに、私は二年間の司法修習生を経て、昭和二八年（一九五三）春、とうとう裁判官になってしまった。法と秩序による日本の復興もまた大事だと思ったからである。ポイントを切り損なったというべきかどうか。裁判官ではあるがまだ判事補で、判事になるためには、あと一〇年間修業と経験を積むことになる。初任は前橋の裁判所であった。

昭和三一年（一九五六）夏のある日曜日、国鉄の足尾線に乗って、日本の近代産業を支えた古い銅山の町、栃木県の足尾に遊びに行ったときのこと。緑の山々に囲まれた美しい渡良瀬《わたらせ》川の渓流に沿い、小さい機関車でポッポポッポポと登っていくうち、ふと気がつくと、辺りの山々が草木一本生えていない真っ茶色のハゲ山に変わっているではないか。まるで西部劇の舞台に迷い込んだかのようだ。そこで思い出したのが足尾の鉱毒事件であった。

郵 便 は が き

料金受取人払郵便

福岡中央局
承 認

18

差出有効期間
2026年2月
28日まで

(切手不要)

８１０-８７９０

156

福岡市中央区大名
二-二-四三
ELK大名ビル三〇一

弦 書 房

読者サービス係 行

通信欄

年　　月　　日

このはがきを、小社への通信あるいは小社刊行物の注文にご利用下さい。より早くより確実に入手できます。

お名前

（　　歳）

ご住所

〒

電話

ご職業

お求めになった本のタイトル

ご希望のテーマ・企画

●購入申込書

※直接ご注文（直送）の場合、現品到着後、お振込みください。
送料無料（ただし、1,000円未満の場合は送料250円を申し受けます）

書名	冊
書名	冊
書名	冊

※ご注文は下記へＦＡＸ、電話、メールでも承っています。

弦書房

〒810-0041　福岡市中央区大名2-2-43-301
電話 092(726)9885　FAX 092(726)9886
URL http://genshobo.com/　E-mail books@genshobo.com

国鉄足尾線間藤駅近くの風景（昭和31年8月、著者撮影）

　時は明治の一八〇〇年代、国内一といわれた足尾銅山で、精錬された鉱毒が流れて渡良瀬川の魚が死に、排出ガスのため周りの山がすっかり枯れてしまった。日本の公害第一号である。地元の田中正造という立派な政治家が、命をかけて直訴までしたため、ようやく政府も重い腰を上げたが、一度ハゲた山は元に戻らない。その悲しい姿がそのまま残っていたのだ。私は大変なショックを受けた。ローカル線の片隅に、こんなドラマチックな風景が展開するとは、思ってもいなかったからである。

　これがきっかけとなり、この狭い日本くらいは、好きな汽車ポッポに乗って、なるべくこまかく見て回ろうと考えたのである。社会人になってからの思い立ちである。新幹線はまだなく、特急も僅かしか走っていなかったから、全線完乗の記録を目指そうなんて全く頭になかった。現在、わたらせ渓谷鉄道になっているこの国鉄足尾線が、私の鉄道乗り歩きの原点であり、終点の間藤《まとう》駅がその始発駅となったのである。

ちなみに、宮脇俊三さんが国鉄全線を乗り終わったのがこの間藤駅で、その著書『時刻表2万キロ』には、次のような文章がある。

とにかく何かが終わり、何かを失ったことはたしかなようであった。それは全線完乗でも時刻表でもない、もっと大きなものであったようにも思われた。よく、停年で現職を退いたり、ひとり娘を嫁にやったりすると俄《にわ》かに老け込む人がいるが、その気持ちが理解できるような気がした。

同じ小さな駅でも、人によってこんなにも受け止め方が違うのだ。

鉄道ファンのジャンルはさまざまである。写真を楽しむ「撮り鉄」や、駅弁専門の「食い鉄」をはじめ、模型、車両、路線、歴史、切符、グッズ、時刻表などといろいろだ。私もそれぞれ好きではあるが、とてものめり込めるほどではない。模型も一時、Oゲージというやや大きいものから、ドイツ製のメルクリンを含むＨＯゲージという中型のもの、山や街、トンネルや鉄橋、駅などの風景をレイアウトし、汽車や電車を走らせて楽しむ小型のＮゲージなど、それぞれ少しは手がけてみたが、とにかく時間を取られるのでやめてしまった。

本来、汽車や電車は乗るものだから、乗り歩きに優るものはないように思う。でも私は学生とは違う。また「乗り鉄」のように、鉄道に乗ることだけを楽しむとか、記録を作るのが目的でもない。全国を細かく回って、美しい風景に接し、街を歩き、歴史を感じ、風土を知り、人情にふれ、おいしいものを食べながら汽車の旅を続けるのだから、考えてみれば一番ぜいたくな趣味だと思う。その範囲で、８ミリ映画撮影や時刻表、駅弁などを楽しんだ。お陰で、国鉄の全路線図はソラで書けるようになっていた。この七〇年、戦争がなく平和だからこそ、こんな遊びができたのだろう。職場のみんなから「汽車ポッポ判事」とからかわれながらも、結局、在職中に二七年かけて全国のＪＲ、民鉄、地下鉄、路面電車、モノレール、新交通、ケーブルカーを完乗した。昭和五八年（一九八三）五月一四日のことで、その時点の日本交通公社版大型「時刻表」に載っている営業線を全部乗ったわけである。ロープウエイも鉄道の仲間らしいが、レールがないのでこれは外した。

国鉄の全線を乗り終わったのは、昭和五二年（一九七七）一月二二日の早朝、雪の降りしきる秋田県角館《かくのだて》線の終点、松葉駅であった。レールも雪で真っ白に埋まった中を一両のディーゼルカーで進み、小さな無人駅に降り立つ。定刻通りの六時五六分であった。今は秋田内陸縦貫鉄道の中間駅になっている。私は色紙を用意しておき、運転士と車掌さんに、記念のサインをしてもらった。こうして松葉駅が、私の乗り歩きの終着駅「本籍」となったのである。このときの時刻表、一九七七年一月号は、今でも手元に置いてある。

「本籍」を、思い入れのあるどこの駅と決めて、完乗を果たす人もいるが、私のは予め計画したわけでなく、全く偶然の結果であった。国鉄全線は、その当時およそ二万一〇〇〇キロ、あるとき思いついて調べてみたら、ほぼ二万キロ乗っていることが判った。これならもうあと僅かと思ったのが甘かった。早い話、北海道に乗り残しの二キロがあると、これに乗るため往復一〇〇〇キロ以上の旅をしなくてはならないのだ。でもここまできたら完乗を達成しようと、さすがに最後は一所懸命になった。前年の歳末に三陸盛《さかり》線の吉浜駅を最後にと出かけたのだったが、途中一日三本しかない角館線が猛吹雪で全部運休となり、予定がすっかり狂ってしまった。涙を呑んで吉浜をすませ、あらためて出直したからである。二度目の挑戦で目的を果たしたわけだが、雪に埋もれた終着駅は、かえって情緒のある達成となった。こういった不測の事態や、事故による不通、列車の遅れなど、さまざまな苦労や思いが陰に隠されている。

全国には、今よりもローカル線が多く残っており、ことに北海道や九州では沢山あったから、その分乗り歩きも大変だった。でも不思議なもので、その後次々に廃線になってしまうと、かえって懐かしいものだ。日本一の赤字線だった美幸《びこう》線をはじめ、「幸福」駅のあった広尾線、豪雪や接続列車の遅れで三度目にやっと乗れた深名《しんめい》線、寒々とした原野を行く標津《しべつ》線、家族揃って各駅停車を満喫した天北《てんぽく》線、九州の最高地点を行く宮原《みやのはる》線、桜島を東側から見せてくれた大隅線、

著者が国鉄全線完乗を果たしたときの時刻表表紙
昭和52年１月号　日本交通公社刊

珍しい昇開鉄橋で筑後川を渡った佐賀線、ループでグルリと回った山野線など、思い出深い多くの路線が消えていった。

また当時民鉄は、国鉄と判りやすく区別するため、私鉄と呼んでいた。私鉄の乗り歩きは、国鉄全線を乗り終えた後に始めたので、岩手の花巻電鉄や石川の尾小屋鉄道など、すでに廃線になったところが多く、残念なことをした。埼玉の東武熊谷線、岐阜の名鉄谷汲《たにぐみ》線、兵庫の別府《べふ》鉄道、岡山の下津井電鉄などは、かろうじて間に合い、乗ることができた。

そのころの私鉄は全線約五六〇〇キロ、当時はまだ国鉄と違い、時刻表の情報が少なかったので、日程の立て方が難しかった。中小の私鉄は本数が少なく、すぐ折り返すことが多いので、トイレに行く時間がない。車内にもないから閉口した。ロングシートでは駅弁や菓子パンも食べにくく、駅そばを食べる時間もないので、おなかがすく。私鉄完乗の感想は、この二つに尽きる。

私鉄全線を乗り終わったのは、福岡市営地下鉄の当時の終点、呉服町駅であった。昭和五八年（一九八三）五月一四日、一六時六分のことである。このときは、駅の売店で地下鉄地図入りのパズルを買い求めた。松葉駅での色紙とこのパズルは、どちらも那覇市にある「ゆいレール展示館」に寄贈したので、その二階の「ゆたかはじめ鉄道コレクション」に展示してある。

こんな記念の証しを見せても、また私が撮った松葉駅の8ミリの映像を見せても、同僚の判事は「こんなものでは、松葉駅に着いたことが判るだけで、全線乗った証拠にならないではないか」というのである。

なるほどその通りで、弁明の余地はない。趣味の世界に、証拠をどうのというのは情けないと思うのだが、何しろ裁判所は証拠だけがモノを言うところ、同僚をはじめ、職員の皆さんが当り前のように、証拠はないのかと聞いてくる。初めのうちは聞き流し、無視していたが、ヤイノヤイノといわれると、汽車ポッポ判事としては少々気になってくる。そこで何か証拠になるものを集めてみようと思った。でもどうやったら立証できるのだろうか。

乗ったときの切符を取っておけばいいというが、日本では、降りた駅で強制的に没収されてしまうので、手元に残らない。そこで乗った駅と降りた駅で入場券を求め、使わないで残すことにした。駅名も日付も入っているし証拠価値は高い。入場券を売っていない駅では、隣の駅までの初乗り乗車券を買い求めるのである。どれも子供用を買えば半額ですむ。しかしこれでは点と点の証明になるだけで、乗り通したことを示すわけではない。車で駅を回ったり、他人に買ってもらうことだってできるから、決め手の証拠にはならないのだ。切符が紙の厚い硬券だとまだいいが、機械で印刷される軟券だと、月日の経つうちに文字が消えてしまうこともある。無人駅という駅員も券売機もない駅や、現金取引決済のワンマンカーが増えてくると、もう完全にお手上げである。

駅弁の掛け紙を集め、食べた感想を書いておくのは、かなりいい証拠だが、売っている駅は限られるし、デパートの駅弁大会とか、遠く離れた大きい駅でも入手できるようになってきたから、これもダメである。8ミリフィルムの映像やビデオの撮影、終着駅の駅名標と一緒に撮った写真だって、編集や合成がいとも簡単にできるから、疑いだせばキリがない。

乗り歩きは大抵一人旅なので、同行者はいないし、釣った魚の現認者のような人も期待できない。旅先でふれ合う人も知らない人ばかり。すてきな娘さんと仲良くなっても、住所氏名や電話番号を聞き出すなど、取り調べのようなことはしないで別れるから、誰も証人に立ってはくれない。家内がついて来ても、親族の証言では果たして信用してもらえるかどうか。

結局、証拠は本人の自白しかないのである。自分の行動さえ立証することがどんなに難しいか、身にしみて感じるのであった。逆にウソが渦巻き、証拠のねつ造も容易にできる世の中、完乗したように見せかけることだってできる。そんなウソを見破り、真実を突きとめるのはとても難しく、人間には限界がある。これ、裁判の仕事の上で、少しは役に立ったかな。

「全線乗って、どこが良かったか」と、よく聞かれる。人それぞれ好みもあり、季節や天候、混み具合など、さまざまな条件の違いもある。簡単に挙げることは難しいが、国鉄線、今のＪＲ線でいえば、次の三つはやはり圧巻であろう。

《五能《ごのう》線》（青森・秋田県）

今は観光路線として人気が高いが、昭和三〇年代の素朴なころがよかった。日本海に沿って波しぶきのかかる岩を縫い、緑の牧草が続く岬を回り、岩木山の麓に見渡す限り広がるりんご畑の中を進む。この風景三部作、全線に少しも無駄がない。沿線の十二湖を初めて歩いて訪ねたときには感動した。

《肥薩線》（熊本・宮崎・鹿児島県）

これまた人気の観光路線である。球磨川沿いの景勝、矢岳のスイッチバック・ループ越え、霧島連山の遠望と、無駄のない車窓風景が続く。一昔前の真幸《まさき》駅では、石庭のように掃き清められたホームに、地元の心意気を感じた。

《釧網《せんもう》本線》（北海道）

日本離れした北海道の風景を満喫させてくれる。釧路湿原や、知床の遠望、オホーツク海沿いの原生花園の広がりは、ほかでは味わえない。ノロッコ号列車に乗らなくても、全線にわたって十分に楽しめる。

このほか、長い長い道中ながら日本海を楽しませてくれる山陰本線や、山と渓谷を満喫できる中央本線、アルプスを背景にゴトゴト走る大糸線、伊那谷や天竜川を各駅停車で味わう飯田線、錦江湾の桜島や開聞岳のすぐそばを通る指宿《いぶすき》枕崎線もいい。御殿場線に迫ってくる富士山の勇姿、信州は小海線の日本鉄道最高地点、伊吹山を望む関ヶ原越えの東海道本線、長野の篠ノ井線姨捨《うばすて》の眺望、瀬戸内海を跨ぐ瀬戸大橋線など、部分的に楽しめる車窓は沢山ある。東京湾に面した鶴見線海芝浦駅の風情も、都会の片隅のちょっとしたアクセントになっている。

私鉄でも、江ノ電、伊豆急、銚子電鉄、長野電鉄、大井川鐵道井川線、南海高野線の橋本以遠、一畑《いちばた》電鉄、南阿蘇鉄道など、それに消えて行った草軽《くさかる》電鉄や下津井電鉄のようなすてきな路線が沢山ある。東京のゆりかもめ、横浜シーサイドライン、神戸ポートライナーなどは、新しい都会の顔を見せてくれるし、ディズニーリゾート線を一周すれば、もうルンルン気分。どれを取り上げたらいいか迷うくらいだ。

逆に苦労したと言えば、一日に上り一本下り一本の静岡県清水港線、朝夕二本しかない北海道湧別《ゆうべつ》線などをはじめ、相模線の西寒川《さむかわ》、山口県美祢《みね》線の大嶺のような行き止まり線も、乗るのが一仕事。そういえば、大嶺駅の古い駅舎は掃除が行き届き、びっくりするほどきれいだったな。これらの線はもう消えている。また東海道本線の美濃赤坂、山陽本線の和田岬、東北本線の利府《りふ》など、枝のように分かれた本線の一部も危うく忘れそうになるところだった。

私鉄も、小型蒸気機関車の引く西武山口線、京王電鉄の競馬場線、東急こどもの国線、東武大師線、南海高師浜《たかしのはま》線、近鉄道明寺線、阪神武庫川線、それに紀州鉄道や三重県の内部《うつべ》八王子線線など、どれも行き止まりや短い路線で、うっかりすると乗り残してしまう。リストアップのときから注意して、一本一本大事に乗り歩いた。

乗り歩きをしていると、よく「鉄道に乗るだけなら乗り乗りではないか。乗り歩きはおかしい」とも言われた。でもそんなことはない。やはり乗り歩きなのである。まず自宅から駅までは歩く。大きな駅ではホームに辿りつくまでにかなり歩かされる。新幹線だと一六両編成で、列車の長さが四〇〇メートルもあるから、えらいことだ。端っこの自由席や、指定席に辿り着くまでにかなりの距離がある。小さな駅では線路をまたぐ跨線橋《こせんきょう》を階段で渡らなくてはならない。留萌《るもい》駅のように長い跨線橋もあった。エレベーターやエスカレーターも、新しくつけた古い駅では、大抵不便なところにあるから、探すだけでも歩かされる。ローカル線が出るのは駅の中でも端っこが多く、清水港線や和田岬線などは随分離れていた。

ローカル線は列車本数が少ないから、次の接続列車まで二時間や三時間は待たされることが多い。北海道や九州では、七、八時間過ごすこともあった。でも実はこれこそが楽しいのである。街を散策したり、小高い丘に登ったり、お寺や神社、資料館や展示館を訪ねたり、学校の文化祭や運動会にも立ち寄る。村芝居や古い映画でもやっていれば覗いてみる。これでも結構歩くことになる。

東京駅、名古屋駅のような巨大駅や、地下鉄の乗換駅のように、慣れた人でもちょっと迷うほどの複雑な駅もある。到着が遅れ接続列車に間に合うため、どれだけホームや地下道、跨線橋を走ったことか。短い停車時間に駅弁を買うとか、駅そばを食べるためにホームを走ったり、もうこうなると「乗り乗り」どころか「乗り走り」だ。食堂車に行くために長い列車の中を歩いて行ったこともある。このように、鉄道乗り歩きは、たっぷり歩かされるので体力が必要であった。

国鉄全線を乗り終わった当時はまだ、社会人として、そんなおろかなことをする人が少なかった。このことから同じ世代で同じ経験をもつ鉄道作家の故宮脇俊三さんともご縁ができ、親しくなった。昭和五四年（一九七九）三月、彼が初めて私の家に遊びに来るときには、「裁判官なんて気味が悪い」と思ったと、彼の著書『失われた鉄道を求めて』の巻頭の文に書いている。でも乗り歩きのこととなると話ははずむ。そのうち、同じ旧制成蹊高校の同窓と判り、一気に盛り上がった。私より一年先輩の理科生で、同じころ一緒に在学していたはずなのに、お互い全く知らなかった。宮脇さんは、日本ペンクラブ編『鉄道が好き』に載せるエッセイを選考した際、日本の著名な鉄道好きの方々に混じって、無名の私が沖縄の鉄道について書いた小文も取り上げ、載せてくれた。

宮脇俊三さんを我が家にお招きして、著者と
（昭和54年３月）

　旧制成蹊高校の同窓にはもう一人、先輩に当たるJR東日本の社長であった住田正二さんがいた。社長時代、私の本名石田穣一、住田正二、宮脇俊三と、同窓（一）（二）（三）が三人集まって両国の鳥鍋屋で会食し、一夕を楽しく過ごした思い出がある。

　宮脇さんとのおつき合いは、その後私が定年退職したあとも、ずっと長く続く。彼は平成一二年（二〇〇〇）

二月に家族旅行で沖縄を訪ね、私の娘がオーナーシェフをしている那覇の「料理工房てだこ亭」で、家内も加わり夕食を共にした。

「沖縄にモノレールができたら、一緒に乗りましょう」。彼はこの言葉を残して別れたが、これが最後になった。逝去されたのは、沖縄にモノレールが走り出す半年前の、平成一五年（二〇〇三）二月二六日である。

2号車　遅れたブルートレイン

話は少し遡る。前橋から戻り、東京地裁の判事補をしているとき、住宅公庫からお金を借りて小石川の焼け跡に小さな家を建て、司法修習生時代からの賄《まかな》い付き下宿住まいに別れを告げた。東京にいたときには、東急池上線、中央線、地下鉄丸ノ内線などで、人並みにラッシュアワーの超満員電車通勤も経験している。車内は足の踏み場もなく息苦しい。力を入れず、周りの人に押され浮き上がった状態で揺れに体をまかせるのがコツである。国鉄の電車は国電でなく「酷電」、また通勤電車は「痛筋電車」なんて言われていた。新宿や池袋駅などには「押し屋」と呼ばれる人までいた。電車に乗りきれない乗客を後ろからドアの中に押し込むのである。それでも乗れない乗客をひき降ろすのは「剥がし屋」で、共に学生のバイトが多かった。

そのころのこと、昭和三四年（一九五九）に、忘れることのできない三つの鉄道長旅をした。

一つは、高松高裁長官をしていた父が、高知県窪川に出張中、脳梗塞で倒れたときである。窪川は、戦後やっと鉄道が通じたばかりの終点で、四国の辺境と言われていた。高知からでも蒸気機関車に引かれた列車で三時間余りもかかるローカル線の果てである。父の意識は回復したものの、当分の間動くことができない。私はとりあえず休みを取って駆けつけることにした。

まだ新幹線もなく、宇高《うこう》連絡船で渡る時代のことである。東京を朝九時に発つ特急「つばめ」に乗り、大阪、岡山、宇野と乗り継いで、高松に着いたのはもう夜であった。高松桟橋駅から深夜に発つ夜行普通列車に乗り、高知に着いたのは早朝。ここで三〇分停車したのち、窪川に向かって発車する。ここから先は初めて乗る線である。小さい機関車がポッポポッポと煙を吐いて一所懸命山坂を越えていく。気ばかり焦っても、このときばかりは歩みののろい各駅停車、景色もあまり目に入らない。窪川に着いたのはもう一〇時近くであった。予土線や土佐くろしお鉄道などは、もちろんまだなかった。

その後父は寝たまま高松に戻ったが、鉄道当局の計らいで、車内に仮の寝台まで作ってくださったとのこと。窪川を朝早く発つ普通列車が高知から準急「南風」となり、二等車も連結されるので、多分この列車を利用したのだろう。
父は芸能好きだったが、窪川滞在中の病床と、この土讃線の列車の中で、あることに思いつき、それを実行した。かねて琴平町にある、日本最古の木造芝居小屋「金丸座《かなまる》」が朽ち果てているのを嘆き、文化財にしようと運動していたが、資金もなく、なかなか進まない。そこで海老蔵、松緑、簑助、山田五十鈴、杉村春子、笠置シヅ子ら、親しくしていた芸能人に宛てて自筆の手紙を書き、百円募金運動を呼びかけたのである。芸能も劇場も平和であればこそ栄え残るという父の願いは、生前は叶わなかったが、没後一〇年ほど経ってようやく実現した。文化財として移築保存された金丸座は、今「金比羅大芝居《こんぴらおおしばい》」として賑わいを見せている。

二つ目は、ブルートレイン「さくら」が遅れた話。長崎に証人尋問に出かける事件があり、私たち一行は昭和三四年（一九五九）九月二六日、一六時五分東京発の特急「さくら」長崎行に乗り込んだ。「さくら」はその夏、東京と長崎を結ぶ寝台特急「平和」が名前を変えて車体も新しくし、ブルートレインになったばかりである。二段式のB寝台ではあったが、快適な旅を期待していた。ところが一八時ころ沼津駅に停まったまま動かなくなってしまった。何でも台風が近づいたので運転を見合わせているのだという。上り列車も不通となり引き返すこともできない。列車はそのまま沼津で停車を続けた。今と違って情報が入ってこない。車内で一泊した翌日も動かぬ列車内で過ごし。二五時間停車後にようやく沼津を発車した。しかし動いては止まり、少し走ってはまた止まるという状態である。二泊目も寝台車の中、三日目の朝目を覚ますと、列車はまだ豊橋近くであった。

あの伊勢湾台風が名古屋地方を襲っていたのである。列車はゆっくりと被災地のど真ん中を進む。辺り一帯見渡す限り水浸しで、ほとんどの家が壊されている。屋根に登って瓦を直す人も多い。線路脇の電柱も全部折れ曲がっている。「さくら」は台風通過後初めて通る列車だということであった。

ようやく京都に着いたのは三日目の夕方であった。ここからは幸いほぼ順調に走り続けたが、三泊目の夜も同じ寝台で過ごし、四日目の夜明け、遙かに雲仙岳を眺めながら長崎に着いたのは朝の七時一〇分であった。その間、実に六三時間「さくら」に乗り続けたのである。食堂車は二日目から営業できなくなり、駅弁も京都までは買えなかったから、とてもおなかがすいた。寝台のシーツも取り替えがきかないから、二泊目からは汚れたままであった。

日本の定期列車、しかも寝台特急に乗ったまま三泊四日の長い旅をしたのは、すごい経験である。被災者の皆さんには申し分けないが、私にとってはかけがえのない、思い出に残る旅であった。長崎は、被爆後しばらくは人が住めないと言われていたが、久しぶりに訪ねると見事に復興し、爆心地はきれいな祈念公園になっていた。父がかつて建立に努力した平和祈念像も立派にその姿を見せていた。彫刻家の北村西望さんに直接制作をお願いしに行ったのは父であったと、妹たちから聞いている。証人尋問のほうは、遅れたが無事終了し、公務を果たして帰京した。

三つ目は新婚旅行である。昭和三四年春、今の天皇が皇太子のとき皇后の美智子さまと結婚された。我が家にはまだテレビがなく、ご近所の家に行って見せていただいた。そして同じ年の秋に私たちも結婚した。家内も東京生まれ、戦時中は小学生で熊本の天草に縁故疎開をした。長崎原爆のきのこ雲を天草灘の彼方に目撃している。戦後長崎の中学に進んだとき、私とは全く関係なく、母親から『雅子斃れず』を買い与えられて読んだ。旧姓池田慶子とサインのある、ボロボロになったその初版本を、見合いの席に持参したのが結婚の決め手となった。そのころの新婚旅行は、海外なんかは夢の夢、せいぜい熱海とか近場の温泉地で過ごすのが定番だったが、ここは思い切って、汽車での長旅をと、特急と各駅停車を組み合わせた山陰旅行を企画した。

東京で結婚式をすませた私たちは、特急「あさかぜ」の座席車で熱海伊豆山へ、翌日は特急「はと」に乗り京都に泊まった。京都から各駅停車のディーゼルカーで、保津峡沿いにゆっくり走り、途中乗り換えて由良川を渡り、天の橋立に宿をとった。

その翌日が全行程のハイライト、初の餘部《あまるべ》鉄橋越えである。豊岡から、普通列車に半両だけついていた二等車に乗った。お客は私たち新婚夫婦だけ。蒸気機関車のひく汽車ポッポは、コトコトと一つ一つの駅に停まりながら山陰路を行く。餘部の鉄橋は、鉄骨を組み立てた大鉄橋で、目の眩むような四〇メートルほどの高さがあり、乗っているとまさに天空を行く心地がする。日本海の青い海も望め、期待を裏切らない名橋であった。この橋はその後老朽化が進み、架け替えることになったので、その前に夫婦でまた訪ね、餘部駅に下車して橋の下から見上げ、別れを惜しんだ。

鳥取からは津山を抜けて岡山に向かい、高松で病床の父を訪ね、帰りは「あさかぜ」の二等寝台を奮発し、一路帰京したのである。

3号車　一日秋田駅長

新婚の翌年、春の桜も終わったころ、判事補の私は秋田地裁に転勤となり、家内ともども上野を夜発つ奥羽線回り青森行の急行「津軽」で赴任した。乗り歩きが好きな私も、郡山や新潟より北はまだ行ったことがない。初めて乗る線ばかりである。「津軽」の寝台で目を覚ましたとき、雄勝峠辺りで窓の外が雪景色に変わっているのを見て、はるばる遠い北国にやって来たな、との思いを深くした。着任後間もなく、汽車ポッポに揺られ弘前の桜を見に行ったときには、雪の岩木山を背景にした桜が満開で、その美しさに感激した。

ここ秋田では、国鉄秋田鉄道管理局の主催で、裁判官の列車試乗会が催された。鉄道員の作業状況や、機関士の乗務を体験し、仕事の参考にという恒例の行事である。裁判所長をはじめ全裁判官が参加した。単線区間での信号機の操作や、タブレットによる列車交換の状況、ツルハシでレールと枕木の下に敷き詰めた砂利を突き固める線路工夫の保線作業も見学したが、圧巻は実際に蒸気機関車に乗り、機関士の苦労や踏切事故の恐ろしさを体験する列車試乗であった。電車の運転手にはなれなかったが、蒸気機関士にもあこがれていたから、その日を楽しみに待った。

奥羽線の秋田、横堀間が試乗区間である。試乗のための特別ダイヤが組まれ、私たちは鉄道員の菜っ葉服に着替えて、機関車のすぐ後ろの車両に乗り込んだ。ここから一人ずつ炭水車を通って機関車の運転台に行き、右側の機関助士席に座って運転状況を体験するのである。試乗用蒸気機関車は、形の良いC51215号機であった。

左側の運転士席からは、機関車前部の大きなオカマに邪魔されて、右カーブの線路が全く見えないのである。右側の機関助士は、右前方の確認をしながら、石炭をくべる作業を繰り返す。これが大変な力仕事である。煙も容赦なく運転席に入ってくる。大きなトンネルに入れば息ができないという。私はふと敗戦後、門司まで貨車にゆられてトンネルに入ったときのことを思い出した。

踏切に紙で作った人や車を置き、急を知らせる発煙筒を燃やしたりして、急停車する実験もある。

「前方の踏切に障害物発見！」。機関士は叫ぶと同時に急ブレーキをかける。でも惰力のついた

裁判官の列車試乗会、機関車最上部右端著者（昭和36年６月15日）

列車はなかなか止まらない。あぁダメだ……ダメだ。ついに障害物をはね飛ばし、さらに一五〇米も走ってやっと止まった。踏切事故の怖さを存分に味わい、列車試乗会を終えたのである。蒸気機関車全盛のころの貴重な体験であった。

切手の収集にも「鉄道切手」というジャンルがあることを教えてくれたのは、このときの秋田鉄道管理局長荒井誠一さんである。汽車や電車そのものが描かれていなくても、遠景に小さな煙が見えるものや、鉄橋、駅舎やレール、車輪がデザインされているものも鉄道切手の仲間なのだ。私の集めたものは「ゆいレール展示館」に展示してある。

昭和三七年（一九六二）一〇月一四日の鉄道九〇周年記念日に、私は国鉄秋田駅の「一日駅長」を拝命した。当時結成されたばかりの鉄道友の会秋田支部の副支部長であったこともあるが、国鉄からお話があったときは、ちょっと驚き、また嬉しかった。しかし宮仕えの身、ケジメは必要である。早速、真面目な所長にお伺いをたてると、「何分にも当裁判所にとって先例のない出来事ではあるが、休日の行事でもあるし、認めないわけにはいくまい」と、やっとお許しが出た。

その日は、前もって貸与された駅長の制服、制帽に身をかため、朝早く鉄道管理局差し回しの車で出勤した。まず局長室で辞令交付式があり、局長から「一日秋田駅長」の辞令を頂戴した。一日駅長の肩書をつけた私の名刺まで用意され、「今日一日ご自由にお使い下さい」と言われる。白手袋にダブルの制服、金筋の入った赤い駅長の制帽は、これまた私のあこがれの姿である。

そのころ秋田駅では、毎朝八時一〇分に、秋田始発の奥羽線経由上野行特急「つばさ」と、青森発の羽越線経由大阪行特急「白鳥」が同時刻に発車し、数百メートル二本並んで走行する珍しい風景が見られた。ファンの間で話題になっていたほどである。どちらも同じ形のディーゼル特急だが、発車が三〇秒もずれると、きれいに並んでくれない。私はこの日一日駅長として、二つの特急がずれないよう気を配りながら同時発車の合図をし、「つばさ」と「白鳥」が見事並んで走り行く姿を見送ったのである。

一日秋田駅長を務める著者（昭和37年10月14日）

秋田駅には、列車が次々に到着する。乗り換えの案内をしたり、ホームの洗面台で顔を洗う長旅のお客さんに声をかけたり、半日はまたたく間に過ぎていった。午後は、出札や改札の仕事、信号機の操作、車庫から駅弁屋さんの詰め所まで回り、最後に駅員の皆さんに訓示をして、その日の業務を無事終えたのである。日ごろ裁判所に出入りする新聞記者たちに、「駅長姿は、法服よりずっと似合いますねえ」とひやかされ、同僚の裁判官からはうらやましがられた。

秋田市内の官舎に住んでいた私は、秋田県本荘市にある裁判所も兼務していたので、毎月二回泊まりがけで出かけていた。羽越線で秋田を発ち、防風林に守られた日本海沿いに南下し、羽後本荘まで一時間余りの旅をするのである。途中、鉄道をテーマにした「点と線」の作家、松本清張の名作「砂の器」にも取り上げられた羽後亀田駅を通る。蒸気機関車のひく客車列車で、本数も少ないが、これがまた楽しかった。春は雪解けのあと一斉に花が咲き、夏場は車窓に鳥海《ちょうかい》山が広がり快適そのもの、秋には案山子《かかし》の立つ田んぼに稲ハザの行列が続く。だが冬になると状況が一変する。ことに猛烈な吹雪になると、下からも粉雪が舞い上がる。吹きだまりができて、歩くことが難しい。目を開けることも、息することもできないほどだ。

雪国秋田の冬は、鉄道にとっても厳しい。吹雪の中をやっと駅まで辿りついても、汽車はいつ来るか判らない。単線区間ではとくに列車交換が難しくなり、少しでも遅れが出ると路線全体に影響し、ダイヤがメチャクチャになる。ラッセル車も出動し、せっせと雪を掻くのだが、すぐまた積もってしまう。やがて遅れに遅れた汽車がやってくる。蒸気機関車の顔には雪と氷が真っ白に張りついている。だがその表情には、吹雪を乗り越えてきたぞという逞しさが溢れていた。大雪の中で一所懸命働く鉄道員の姿は、胸が痛むほどだった。

秋田生活最後の冬は、昭和三八年の三八《さんぱち》豪雪と呼ばれるほどの大雪で、列車が何本も雪に埋もれて立ち往生する騒ぎまであった。雪と列車の格闘は、すさまじいものがあるが、日本の鉄道の頼もしさを改めて感じたのは、またとない経験であった。

この年の雪も消えかかる四月、私は判事補一〇年を終えて判事となり東京に戻った。鉄道乗り歩きの楽しみもいよいよ佳境に入るわけだが、このころから日本の鉄道は、大きな転換期を迎えることになる。

4号車　煙とともに消えて行く

秋田にいたとき、夏の休みを利用して初めて北海道に渡った。昭和三六年（一九六一）のこと。秋田を深夜に発つ、大阪発一・二等、羽越・奥羽線回りの普通列車青森行である。一等といっても、普通列車に展望車がついていたわけではない。戦前からの三等級制がそのころ二等級制に変わり、それまでの二等が一等に、三等が二等に呼び変えられていたからである。その後昭和四四年（一九六九）に等級制は廃止され、二等は普通車に、一等はグリーン車になった。

この夜行列車は朝早く青森に着く。午前の便の連絡船で海峡を渡り、函館に着いたときにはやはり感激した。小樽、網走、釧路を汽車ポッポで回った後は、普通列車による念願の狩勝峠越えが待っていた。まだ旧線のころで、列車は、蒸気機関車に後押《あと》しされて、ポッポポッポと煙を吐きながら、ゆっくりと、左に右に大きくカーブしながら登って行く。「機関車と機関車が　前引き　後押し　なんだ坂　こんな坂　なんだ坂　こんな坂……」という歌が聞こえてくるようだ。壮大なパノラマが展開し、この旅の圧巻であった。新線になってからは、これほどの車窓風景を見ることができなくなっている。狩勝峠越えを果たした蒸気機関車の顔は、誇りに満ちていた。

電車や電気機関車、ディーゼルカーにも、それぞれ表情はある、薄汚れて暗いものもあれば、くたびれて泣きそうだったり、雨風をものともしない面構えだったりする。幹線や特急がきれいとか、赤字線がひどいとかいうことではない。特急でも車体が薄汚れていたり、ローカル普通列車がピカピカに磨かれていたりする。しかし、それにも増して豊かな表情を見せていたのは、蒸気機関車であった。まるで生き物のように、その顔が変わる。登り坂にさしかかれば苦しそうに喘ぎながら苦悶の形相を見せ、下りになると口笛でも吹きそうな明るい表情になる。峠を越えた山あいの駅で休むときは、ホッとした気分が満ち溢れる。人間に一番近い機械だと言われるのも、もっともだと思う。戦後しばらくは全盛時代が続き、汽車ポッポの名にふさわしく、ポッポポッポと煙を吐いて全国を走り回っていた。

特急「つばめ」や急行「ニセコ」、長距離寝台列車を引く大型の蒸気機関車は、勇壮で頼もしく、魅力的であったが、小型の機関車が健気に走る姿も捨てがたいものがあった。日中《にっちゅう》線という名前なのに、日中は一本も走らない会津のローカル線で、小型のC11型蒸気機関車が後ろ向きのまま客車を引き、一所懸命走る姿は印象的であった。戦後絵本になった『きかんしゃやえもん』（文・阿川弘之／絵・岡部冬彦）は、歳をとった日本の豆機関車が一体どうなるかを描いた物語で、一時機関車トーマスにも負けないほどの人気者だった。

北海道や北九州では、長い長～い石炭列車を引く蒸気機関車の姿がよく見られた。どちらも路線が複雑にからみ合い、乗り歩きにはとても苦労した地区である。回り方によって一日二日はすぐ違ってくるからである。筑豊の炭鉱地帯で、ピラミッドのようなボタ山を背景に、蒸気機関車が黒い煙を吐きながら右に左に行き交う風景は、忘れることができない。あんなに運び出されていた石炭も、いつしか時代の波に流されて使われなくなり、蒸気機関車とともに消えていくのである。私が最後に乗った蒸気機関車のひく列車は、昭和五〇年（一九七五）の三月、北海道室蘭線の追分から苫小牧までであった。走り去る美しいC57型蒸気列車の姿は、私が撮影した8ミリフィルムに収めてある。

それにしても、何とあっけなく、アッという間に消えてしまったものだ。エネルギーが石炭から電気や石油へと急速に変わっていったからである。蒸気機関車は古くさい、煙が臭う、運転や維持が大変だ、といったこともあるだろう。でも無くなってみると寂しいもので、その後蒸気機関車の復活運転が全国あちこちで始まった。そんなことなら、もう少し大事にできなかったのだろうか。やまぐち号や大井川鐵道、秩父鉄道や真岡《もうか》鐵道などで走る汽車ポッポは、今でも子供たちや鉄道ファンの人気者である。私もときには乗ったり見たりしている。その一つ、蒸気機関車時代の「あそBOY」に乗ったことがある。ネーミングが良く、阿蘇高原を走る気分はとても良かったが、暮らしを引いて走っていた昔の本物には遠く及ばなかった。

路面電車もまた、ガソリンを使う車に呑み込まれて消えていった。私が子供のころから慣れ親しんできた東京の都電も、モータリゼーションの波に押されて、だんだん肩身の狭い思いをするようになる。街なかの道路には車が溢れ、渋滞はますますひどくなる。道路が車で一杯になれば、路面電車は動くことができない。こんな邪魔になるものはやめてしまえとばかりに、都電の路線はどんどん廃止されていった。

路面電車の廃止は、アメリカの車社会から始まった。車の邪魔になるといって、自動車会社が路面電車を買収し廃止していったらしい。「これからは車の時代、チンチンガタゴトと走る古い路面電車はもう要らない」というのである。世界中で鉄道そのものが時代遅れと思われた時期だから、そんな気運に包まれるのは無理もないことであった。日本もこれに巻き込まれ、全国各地の路面電車を次々につぶしていった。渋滞がひどい幹線道路だとか、地下鉄と重なり合うとか、お客が少ないとか、説明のつくところから手がつけられ、廃止されていく。電車の姿が消えても、道路は相変わらず車が一杯で、渋滞は少しも解消されなかった。「こんな便利な乗物を何で廃止するんだろう」と、疑問に思いながらも、これがご時勢なのかと、諦めざるをえなかったのである。

東京のど真ん中、銀座通りから都電が消えるときはさすがに寂しく、残念な気持ちであった。馬車鉄道に始まった長い歴史のある路線である。昭和四二年（一九六七）一二月の最後の日には、昼休みに霞ヶ関の職場からわざわざ乗りに行った。銀座四丁目から乗り込んで銀座通りを進み、松屋の前を通り過ぎてから下車したが、名残を惜しむ乗客で一杯である。電車が消えた翌日から

最高裁判所旧庁舎、戦災に遭った大審院庁舎を修復して使用していたもの
（司法協会発行、絵はがきより）

また銀座通りは車が溢れていた。

霞ヶ関のシンボルであった赤レンガの最高裁旧庁舎前を行く都電の姿も、絵になっていた。外国の風景を思わせるような風格のある街には、路面電車がとてもよく似合うのである。電車が消え、車の渋滞がひどくなると、街の格調まで失われてしまうような気がしてならない。

昭和四六年（一九七一）三月、文京区小石川の春日通りから都電⑯番、⑰番系統の路面電車が消えたときは、暮らしを支える足を奪われたような気がして本当に悲しかった。子供のころの思い出も、電車とともに消えてしまったのである。廃止の前日、伝通院前から⑯番の大塚駅行に乗り、「小石川四丁目」と名前が変わっていた元の「清水谷町」停留所を通り、大塚車庫前まで乗って別れを惜しんだ。

最後に残った都電は荒川線、昔の王子電車である。専用の軌道部分が多く、路面を走る場所が少なかったためというのは皮肉だが、せめてものことである。銀座の都電最後の日の風景は、8ミリの古いWフィルムに、そのほかの風景は8ミリシングルフィルムによる「都電慕情」という作品に残した。

昭和三九年（一九六四）には、いよいよ東海道新幹線が開業した。日本の鉄道の歴史の中でも、画期的な快挙である。東京オリンピックに間に合わせて開業をと、急ピッチで工事を進めていたころ、その試乗会に招かれたことがある。東京と小田原の短い区間ではあったが、歴史に残る大事業、胸をときめかせて乗車した。

新横浜を過ぎたころから、列車はスピードを上げた。時速二一〇キロは初めての体験である。フワーッと浮くような感じで、ビュワーンビュワーンと辺りの景色が飛ぶように移り変わる。何だか少し怖いような気もしたが、座席は快適で、アッという間に小田原に着いた。この速さで、大阪まで四時間から三時間半で行けるというのは、何とすばらしいことか。あの敗戦直後の惨めな列車を思い比べると、全く夢のようであった。戦前の弾丸列車の構想や、焼津近くの日本坂トンネル、線路敷がそのまま活かされたとも聞いた。技師長の島秀雄さんはすごい人だと思った。

高度経済成長の波に乗って、新幹線は華々しく営業を開始する。東京オリンピックが開会する僅か九日前のことだった。この日は「夢の超特急」誕生ということで、日本中が興奮したことを覚えている。登場した「ひかり」は時速二一〇キロ、東京と新大阪を四時間で結ぶ世界で一番速い列車であった。戦後復興の総仕上げという感じで、よくぞここまで来たものだと思う。新幹線はその後、さらにスピードを上げ。線路は山陽、新潟、東北などへと足を伸ばしていく。雪にも強く、揺れも少なくなってきた。その技術はまさに世界に誇れるものであり、復興どころか、高度経済成長のシンボルとも言えるようになってきた。大勢のビジネスマンが、西に東に忙しく飛び回る。私も急ぐ旅にはこれを利用することが多くなってきた。鉄道乗り歩きも、新幹線のおかげで随分やりやすくなったのである。

何よりの功績は、世界中で鉄道が時代遅れだとされ、衰退の方向にあったのを、再び元気づけ、鉄道に活路と勇気を与えたところにある。僅か数分間隔で、あれだけのスピードを出し、大量のお客を運び、命にかかわる事故もないというのは、驚くほかはない。

ただ、このころから日本中が忙しくなってきた。企業戦士の目の色がきつく変わってきたのだ。一泊の出張は日帰りになる。停車時が短くてグズグズしていると乗り損なう。車内で食事をしたり、駅弁を買うこともままならない。言い換えれば、全てにゆとりがなくなってきたのである。

スピードが速くなって、東京から関西まで、三時間とか二時間半で結ばれるようになると、航空機利用とどちらが速いかとすぐ比較される。搭乗手続きや、空港までの距離を考えると、新幹線の方が早いという。でも、いくら速くても飛行機には適いっこない。こういう比べ方はおかしいのではないか。もし比べるなら、一人当たりの移動エネルギーの消費量がどうか、といった観点で比べることだ。遠距離や離島は航空機に、中・短距離は鉄道に、といった住み分けがもっと必要なのではないか。東京と大阪の間くらいは、どうして新幹線にまかせないのだろう。空港の数も何だか多すぎるようだ。

新幹線は、スピードが速くなるたびに顔が鋭くとんがり、怖い表情に変わってきた。トンネルに入るときの風圧を避けるためというが、初期のころの瓜実顔が懐かしいくらいだ。そして山形、秋田ミニ新幹線あたりから、少し性格が変わってきた。新幹線を我が街に引き、走らせることが、地域のステータスシンボルとして扱われる傾向になってきたからである。トンネルや切り通し、防音壁が続いて景色が見えない。窓は密閉され人工的な匂いが漂い、風土の香りを感じることもできない。窓を開けることができたころは、磯の香りや市場の活気、高原の凛《りん》とした冷気、街や暮らしの匂い、四季折々の花やくだもの、ときには漆や木工、線香を作る杉の葉の香りまで、車内に漂っていたものだ。

お客さんも、疲れ果てて眠っていたり、早く着かないかという表情がありありである。流れるテロップでどこを走っているかを知り、駅に降りればみんな同じような金太郎飴。新○○駅というのがくせ者で、街からは遠く離れた山あいにあったり、田んぼや畑の真ん中だったりする。

その一方で、地域住民の足となっている在来線やローカル線が切り捨てられたり、おろそかにされる。生活路線としての鉄道の良さが消えていくのである。ワンマンカーにするため列車の編成が極端に短くなったり、一日の運転本数が減らされたり、乗り継ぎで運賃が高くなったり、駅までのバスが不便になったりする。新幹線を一生利用することもない人や、利用できない人も大勢いるのに。そしてまた車に頼れないお年寄りがどんどん増えているというのに。鉄道が国民の生活スタイルを変えてしまったのでる。

特急料金だってすごく高い。私も急がないときは、今でもよく在来線を使うが、痛切にそれを感じる。少し後のことになるが、昭和五九年（一九八四）、私が宇都宮家裁に赴任したときは、公務や私用で上京することが多かった。しかし新幹線はほとんど使わず、よく東武電車を利用した。東武宇都宮から新栃木までの宇都宮線は、日光男体山を望む北関東平野を、単線交換をしながらコトコトとゆっくり進む。お客さんの会話も、かんぴょうの出荷がどうとか、新米の出来具合がいいとか、暮らしにかかわることばかり。「おもちゃのまち」なんていう駅があったりする。時間はかかるが、毎回そんなに急ぐ用事ばかりではない。何より運賃が九百円台、数千円もする新幹線とは、桁違いであった。

寝台車や食堂車もどんどん消えて行く。航空機や新幹線があれば、夜行列車は要らないし、車もある。夜行バスが安くて便利だという。でも夜行バスや車は、若者や元気な人には人気でも、お年寄りにはきつい。新幹線による朝の早立ちや夜更けの到着が苦手な人もいる。飛行機には乗りたくないという人も結構多いようだ。食堂車で夜のひとときを楽しみ、ゆっくり寝ている間に目的地に着ける寝台車には、捨てがたい味があったと思うのだが。宿泊代も助かる。食堂車を連結しなくなってから夜行寝台列車の魅力もなくなった。ブルートレインどころか、人気の北海道行き寝台列車まで次々につぶしていくのは、少し工夫が足りないのではないか。

食堂車がなくなるのは、列車のスピード化、駅弁や駅そば、ファストフードなどの普及のほか、食事を含む全てにゆとりがなくなってきたことの表れであろう。旅がまるで航空機みたいな新幹線中心となり、走行時間が短くなるやら、座席に置いた荷物が気になるやらで、お客が減って営業が難しい面もあるだろうが、何だか寂しい気がする。ヨーロッパでは、まだまだ食堂車が健在なのに。鉄道の旅には空の旅とは違ったものが求められ、それが特色だったのではないか。現に一部ローカル線の観光列車は、ノロノロ、コトコトと走り、美しい景色や郷土色豊かな食事を楽しませてくれている。華やかな豪華列車もいいが、定期列車は、だんだんタダの移動手段になってしまうのだろうか。


東京駅は、辰野金吾が設計した当時そのままに復元し、恵まれたが、全国にあった数多くの名駅舎が空襲で焼失した。門司港駅や日光駅のように、木造でありながら、美しく長く立派に役目を果たしている例は珍しい。最近訪ねたところでも、木次《きすき》線の出雲横田、肥薩線の嘉例川《かれいがわ》、南海の浜寺公園、琴平電鉄の滝宮《たきのみや》など、心のどこかにふれるものを持っている。コンクリートの駅舎でさえ、古くなるとすぐにぶっ壊し、新駅舎に建て替える時代である。古い木造駅舎は維持管理も大変だ。消えていくことが多いのは仕方ないのだろうか。

無人駅も増えてきた。車内で運賃を払うワンマンカーで、一両か二両だから、駅員さんがいなくても困らないのである。駅が地域の中心となって住民が集まり、心のよりどころとなっていたころと違い、ただの乗り降り場になってしまったようである。そんな無人駅でもなお、住民の皆さんの心遣いで、息づいているのを見ると嬉しくなり、その地域の名前を心に刻むのであった。

個性のある駅舎もどんどん消えていく。大都会や近郊の町では、人口の増加と発展にともない、駅舎の敷地が確保できないため、橋上《きょうじょう》駅にしてしまうからである。バリアフリーにしやすく、線路で分断される駅の両側への行き来にも使えるからだ。コンビニや、ファストフードの店まで置けるから、住民の皆さんには喜ばれる。でもどの駅もみんな同じになって、なじみも特色もなくなってしまった。これを便利とみるか、寂しいとみるかは、人によって違うのかもしれない。

駅が巨大になればなるほど、列車の乗り換えはますます複雑、大変になる。鉄道各社が相互に乗り入れると、かえってどの電車に乗ればいいのか迷ってしまう。思いもかけぬ行先の電車が次々に入り乱れてやってくると、乗っていいのかどうか戸惑うではないか。自動券売機は複雑になり、慣れない人は切符も買いにくくなった。改札口も分散し、どこにあるやら迷う人が多い。一見いかにも便利そうではあるが、お年寄りや体の弱い人にはとてもきつい時代になってきた。すばらしい鉄道技術の陰で、大事なものがいろいろ失われていることも忘れてはならない。

5号車　番外線の旅をする

昭和四四年（一九六九）二月から四年余り、私は最高裁判所経理局の主計課長と総務課長を勤め、全国裁判所の予算と、各地裁判所庁舎の建築などの仕事に携わった。証拠調べや判決をする裁判の実務から離れたわけである。裁判にかかる経費や、法廷が中心の裁判所庁舎は、裁判実務の経験が必要なので、判事の身分のままこんな仕事につく、珍しいポストだった。

仕事柄、全国すみずみに出かけるので、さぞかし汽車に乗れたと思われるだろうが、実際は全く逆であった。航空機と公用車で飛び回り、庁舎の視察や関係機関との打ち合わせなどに追われ、目の回るような忙しさ、とても鉄道どころの話ではない。乗り歩きは当面お預けとなったのである。

一番大きな仕事は、最高裁新庁舎の建築であった。明治時代に造られた大審院庁舎にひけを取らない立派なものを建てたい。連日のようにヘルメットをかぶり建築現場を訪れ、設計者や工事関係者との打ち合わせに追われていた。新庁舎の外壁には一〇万枚の御影石を貼りつけることになった。大変な量が必要なので、廃止された都電のレールの敷石を利用できないかと検討したこともあるが、結局茨城県笠間の稲田御影石が使われた。

そんなある日、私は「欧米の裁判所庁舎および公共建築物の視察」を命じられたのである。たった一人で一ヶ月、視察先の国や都市、建築物の種類はまかせるから、自分でここぞと思うところを選び、建物の風格や空間を肌で感じてこい、という。

当時はまだ判事の海外出張も限られ、よほど語学に優れた者が、裁判や法律の研究、調査を命じられて出掛けるくらいであったから、こんな形での出張は、思いもかけないことであった。ありがたい機会ではあるが、何しろ英語は苦手、海外のガイドブックや地図さえも、ほとんど手に入らない時代である。乏しい資料をもとに、欧米六カ国の都市と、裁判所、議事堂、図書館、公会堂、大聖堂、劇場、大学などを選び、旅程を立ててみた。

計画中にふと、鉄道の駅も「公共建築物」ではないかと気がついた。駅を組み込んでも何ら視察目的をはみ出すわけでない。駅を回れば鉄道にも乗れる。しかも立派に公務を果たせるではないか。このおかげで、私は心細い初めての海外出張を、楽しく過ごすことができた。本来の建築物視察に合わせて、海外の鉄道にも乗れたのだ。これは日本の鉄道時刻表に載っていないから、まさに番外線乗り歩きである。

昭和四六年（一九七一）一〇月、最初に訪れたサンフランシスコでは、一〇〇年も走り続けているケーブルカーの姿を見て感動、まず真っ先に乗ろうとしたら、すぐそばに立派な路面電車が

サンフランシスコ市電、著者が最初に乗った外国の鉄道（昭和46年10月、著者撮影）

いるではないか。ＰＣＣカーというのだろうか。思わず飛び乗ったらすぐ動き出し加速した。電車は街の中をかなりのスピードで走るが、なかなか停まってくれないのである。ブザーを押したら停まる方式をまだ知らなかった。どこへ連れて行かれるか焦ってオロオロするばかり。とにかく運転手さんに「ストップ」と言ってみたら、「ＯＫ」と言ってすぐ次の停留所で止めてくれた。ホッとしたとたんに全身の力が抜けた。恥ずかしい話だが、これが外国の鉄道に初めて乗ったときの貴重な経験であった。ケーブルカーはそのあとゆっくり楽しんだ。

カリフォルニアのオークランド駅、ロンドンのリバプールストリート駅とケンブリッジ駅、ドイツはデュッセルドルフ駅とカールスルーエ駅、スイスのジュネーブ駅とツェルマット駅、イタリアではローマのテルミニ駅とフィレンツェ駅なども視察した。同じ地下鉄でも、ニューヨークではサブウェイ、ロンドンのは「チューブ」と呼ばれるアンダーグラウンド、パリはメトロ、と呼び方が違う。これらの地下鉄、イギリスやスイス、イタリアの鉄道、ドイツの特急や路面電車などにも乗れた。

ドイツのハイデルベルクでは、狭い街並みを縫うように走る路面電車が、古い学園都市の風格を支えていた。デユッセルドルフの路面電車は乗り心地がとても良かった。沢山の路面電車で賑わうカールスルーエ駅前の風景や、ボンとケルンの二つの都市を軽快な路面電車が高速で結んでいるのを見て、チンチン電車が今やこんな形で進化し活躍するのかと、驚いたのである。

イタリアの鉄道では、面白い経験をした。ローマのテルミニ駅で、発車直前のプラットホームに、「ベント　ベントー」という呼び声が響いたのである。駅弁は日本独特の文化で、台湾や韓国を別としてヨーロッパにはないはずだが。オヤと思いながらホームに降りてみると、ワゴンに積まれた飲み物やスナック菓子に混ざり、ランチかと思われる紙袋が目に止まった。これは弁当に違いない。ヨーロッパの汽車は合図もなく発車するので、時間を気にしつつ一〇〇〇リラ札を出したが、売り子のおじさんは、怖い顔をして売ってくれないのである。言葉は通じないし、パスポートを見せるやら、両手を合わせ身振りで頼むやら大あわて。ふと気がついてもう一枚お札を出したら、ニコニコしながらすぐ売ってくれた。何だ、お金が足りなかったのだ。

一二〇〇リラは少し高いと思ったが、苦心の末手に入れた紙袋を開けてみると、中にはコーンチップ、ハムにチーズ、グリルチキン、パン、リンゴのほかデザートのケーキまで添えてある。

イタリア・ローマ、テルミニ駅の駅弁売りワゴン
（昭和46年11月、著者撮影）

ワインが一本、紙コップ付きで入っているのは、あちらではお茶代わりなのだろう。まさにイタリア版豪華幕の内弁当だ。発音が「ベント・ベントー」に聞こえたのは私の錯覚かそれとも勘か。こうして買い求めたものの、食べてしまうのが惜しく、その夜のホテルまで持って行って写真を撮り、スケッチをした上で、大事に味わった。これとよく似た駅弁を、フィレンツェ駅でも求めることができた。

スイスの休日は、アルプスで猛吹雪に遭う。ユングフラウヨッホ駅視察の帰り、クライネシャイデック駅から下の区間が不通となり、下山できなくなってしまった。途方に暮れていたとき、救援の電気機関車が雪を蹴立てて登ってきて、私たち四人の客を助けてくれるという、オマケまでついた。

ついでながら、私はまだ海外の長距離列車に乗ったことがない。私の母方の伯母が若いころ、一人でシベリア鉄道に乗りヨーロッパの夫を訪ねたという、武勇伝のような昔話を聞いたことがある。また弟の道雄が、オーストラリアに赴任中、パースからポートオーガスタまで大陸横断鉄道に乗り、世界一長い直線レールを通っている。長い道中だが、カンガルーが出てきたり、食堂車の料理がおいしかったりで、退屈することがなかったと、土産話に聴いている。どちらも羨ましい限りだ。

番外線は、一般に乗れる営業線でないことが多く、特別にお願いして乗せていただくしかないが、思い出に残るいくつかを挙げてみよう。

国鉄全線を乗り終えたとき、ふと沖縄だけ行ってないことに気がついた。戦前鉄道があったのは知っていたが、沖縄戦でなくなり今はもうない。でもトロッコぐらいはあるだろうと調べるうち、絶海の孤島、南大東島に砂糖キビを運ぶ鉄道がまだ走っていることが判った。東京地裁で刑事部の裁判長をしているときのこと、連日過激派や学生事件の審理で厳しい法廷が続いていたから、こんなときこそ気分を変えたいと思った。早速乗りに行きたいと沖縄の知友を頼り、申し込んで何時間もかかる電話で現地と連絡をとり、やっと年末の製糖期前の試運転のときに乗せてもらえることになった。

ところが歳末は裁判所にとって一番忙しい時期である。そこで半年前から審理の計画を練り、上司や同僚、職場の皆さんの協力も得て、法廷に穴を空けないよう万全の準備をした。こんなときには「汽車ポッポ判事」の異名がものを言う。みんなが気持ちよく協力し私を送り出してくれた。ありがたいことだ。

昭和五二年（一九七七）一二月、やっとの思いで南大東島に降り立った。島の皆さんは心から歓迎してくださり、特別列車を仕立てて乗せてくださったのである。島を一周する環状線のほか支線も何本かあり、全長は約三〇キロ、蒸気機関車はもう姿を消して廃車になっていたが、ディーゼル機関車七両に貨車三〇〇両が活躍する立派な鉄道であった。この鉄道は、昭和五八年（一九八三）の製糖期を最後に、トラック輸送に代わり、廃止されてしまったのである。でも沖縄と私とを結びつけてくれた大事な鉄道として、深く心に残っている。

最近、このシュガートレインを観光用に復活させようという村ぐるみのプロジェクトが動き出した。島の中心から港まで、松林の続く二・八キロを、客車を引いた機関車を走らせるという計画が進んでいる。ハワイ・マウイ島には、昔のキビ列車を活かした観光用シュガーケイントレインが走っていて、とても楽しい。あの日本版の実現を期待したいものだ。

島の鉄道といえば、鹿児島県の屋久島に、森林鉄道があることはかねてから知っていたが、離れ島でもあり、なかなか訪ねることができない。しかしこの島は亜熱帯の海に囲まれ、自然が豊かで、九州最高峰一九三六米の宮之浦岳をはじめ一〇〇〇メートル級の山々が聳え、とても変化に富んでいるという。昭和五六年（一九八一）の夏、願いを込めてお便りしたら、鉄道に乗せてもらえることになった。

この鉄道はすでに木材運搬の役目を終え、屋久島電工という会社が発電所の保守のために運行している。安房《あんぼう》という集落から荒川の発電所までの往復を、豆のような気動車に乗せていただいた。杉の木の森を抜け、手掘りのトンネルをくぐり汽車は走る。野生の猿が出て来て線路を塞ぐ。小杉谷小・中学校や集落の跡も訪ね、湧き水に喉をうるおしながら、発電所まで行って引き返した。立派な線路がまだ残っているので、こんな鉄道こそ、屋久杉を訪ねる観光用に活かす手はないのだろうか。

その後、那覇地裁に赴任していたころ、お許しを得て昭和五七年（一九八二）の正月を台湾で過ごしたことがある。台湾は、沖縄の隣の島みたいなもので、那覇から九州へ行くよりも近いから、鉄道乗り歩きもしやすい。台北《タイペイ》から嘉義《チャイ》までの往復は急行列車の旅をした。台北駅はまだ古い駅舎だった。戦前は日本の領土だったので、鉄道も国鉄の香りを色濃く残している。天井の高い立派な嘉義駅の前から、山岳鉄道で有名な阿里山鉄道に乗って、阿里山に向かった。二〇〇〇米の標高差をガタゴトと一気に駈け登るのである。平地のヤシ林を後に、雲海を抜けると、台湾杉の森に入っていく。スイッチバックを繰り返し、縫うようにして阿里山駅に到着した。車窓の景色が変化に富んで美しく、世界三大登山鉄道に挙げられるのもなるほどと思う。

阿里山駅ではたまたま、シェイ型という山岳用の変わった形をした蒸気機関車が、煙を吐いて登っていく姿を見ることができた。阿里山に泊まった翌朝、バスで山頂に登り、谷をへだてた台湾一の高山、かつての日本最高峰、標高三九五〇米の新高山《にいたかやま》と呼ばれた玉山から出る元旦の初日の出を拝んだのである。天気も良く、凍えるような寒さの中でのご来光であった。

富山県立山のふところを走る黒部峡谷鉄道は、宇奈月から欅平《けやきだいら》まで、大勢の観光客を乗せて沿線の渓谷美を楽しませてくれる。ところがその先に、一般客は乗れない関西電力専用線がある。許可を得てこの鉄道に乗れたのは、私の友人、神戸の上川《かみかわ》庄二郎さんのお陰だった。上川さんは、平成七年（一九九五）一月一七日の阪神大震災のとき神戸市消防局長の職にあり、災害対策最高責任者として不眠不休の奮闘をされた方だが、異色の鉄道ファンでもある。写真や模型などのほか、鉄道錦絵の収集家としても知られ、手元にあった歌川広重らが描いた一四〇枚ほどの錦絵コレクションを全部、神戸市立博物館に寄贈された。彼は沖縄の「ゆいレール展示館」を見て感激し、ここにも手持ちの蒸気機関車ナンバープレート三枚を寄贈してくれている。「ニセコ」を引いたC623、「やまぐち」号のC571、「あそBOY」の58654と、どれも名機のものだ。

関電専用線は、岩盤をくりぬいた荒々しい狭いトンネルの中を、ゴトゴトと揺れながら進む。欅平から仙人谷を通り黒部川第四発電所まで六・五キロの道のりである。「高熱鉄道」の名前がつくほど、地熱の熱さがものすごく、汗が流れ息が詰まるほどだ。こんなにまで苦労をして工事をする人間の力を見せつけられる思いがした。

もう一つ、黒部の近くの立山にも隠れた鉄道がある。富山湾にそそぐ常願寺川は、安政五年（一八五八）の大地震で立山が崩壊して以来、もろい土砂が流れ出す暴れ川となってしまった。

住民を守る国の砂防工事が長年にわたり行われているが、その工事用に作った「立山砂防鉄道」である。一般の営業線ではないが、許可を受ければ乗車できる。私が旧制成蹊高校時代に作った地理研究部のOB会グループで乗りに行った。

千寿ヶ原から終点まで一八キロ。軌間六一〇ミリの小さなトロッコ列車だが、険しい崖ふちを高低差六四〇メートルも登るため、スイッチバックというジグザグのZ型線路を何と三八回もくり返す。これは世界でも珍しい。前進、後退をくり返しながら、二時間近くをかけて。海抜一一一七メートルの水谷平まで登っていった。

大自然を前に、人の力で砂防工事を進めていく。いくら立派な堰堤《えんてい》を築いても、滝のような土石流に呑まれ、崩れてしまうこともあるそうだ。はかない工事だと承知しながらも、目の前の危険を何とか防ぎたい。そんな思いで毎日の作業を続けているのだという。まるでドラマのような世界を知り、胸が熱くなるのであった。

時刻表にない番外線といえば、ほかにも、明治村のチンチン電車や汽車ポッポ、但馬明延《あけのべ》鉱山の明神《めいしん》一円電車、京都鞍馬寺の参拝客用ケーブルカー、木曽御嶽山の麓に復活した森林鉄道、あの足尾銅山通洞坑の中を見せてくれる観光鉄道、未完成の国鉄油須原《ゆすばる》線レールを利用した福岡赤《あか》村トロッコ線など、いろいろなものに乗っている。

変わったところでは、霞ヶ関の東京高裁・地裁庁舎一九階ビルの屋上にあるレールに乗ったことだろう。でもこれは特別にお許しを得て乗せてもらったのだから、誰でもというわけにはいかない。ワッシングゴンドラといって、窓ふき用のカゴを吊す電車で、変形のレールの上をノロノロ動いて屋上を一周する。地上九〇メートル。松の緑が美しい皇居をはじめ、警視庁、法務省、外務省、大蔵省など霞ヶ関の官庁街を見下ろしながら、時速約二キロで三五〇メートルを一回りする気分は最高であった。

6号車　ボックスシートの会話

今と違い、新幹線はまだなく、特急も数が少ない。青春18キップなんてない時代だったから、乗り歩きにはそれなりの苦労があった。といっても、東京の都心に住んでいたから、出かけるのには便利だった。私と同じように、社会人として全線完乗を果たした友人の西川寛巳さんは、ネコの「たま駅長」で有名な、和歌山県の貴志川駅近くにお住まいである。大阪に出るだけでも大変だったはずだ。ローカル線の旅好きとはいえ、よくぞ達成されたものと思う。

でもそのころは、夜行の普通列車や、寝台のある急行列車が沢山走っていたし、乗り換え接続駅の待合室や、プラットホームのベンチで一夜を明かすこともできたから、乗り歩きをするのには好都合だった。夜行列車の普通車座席で眠るのはちょっときついが、コツを心得れば慣れてしまう。ビジネスホテルや駅前旅館に泊まらなくてもすむから、宿代も助かった。

乗り歩きはほとんどがローカル線や普通列車である。そのおかげで、日本のすみずみにまで足を伸ばし、ゆっくりと美しい景色を楽しみながら、暖かい人の心や、その土地独特の香りや味に接することができたのである。季節の移り変わり、天気、風土、景観はもとより、街のたたずまい、匂い、いろ、雑音、活気、ふれあう人のファッションや会話、旅人への接し方、駅前食堂や一夜の宿での出会い、人情や気質を通じて、その土地の歴史や文化へと思いは広がっていく。

三陸は宮古線に乗って田老《たろう》という町を訪ねたことがある。その当時は田老駅が終点であった。ここは幾たびも大津波が押し寄せたところで、町を歩くと、将来の災害に備え、見上げるほどの巨大な防潮堤が出来ていた。大変な工事であったという。「これでどんな津波も心配ないさ」と地元の住民の方たちが誇らしげに自慢していたのを思い出す。その後チリ津波が襲ったときにはビクともしなかった。ところが平成二三年（二〇一一）三月一一日の東日本大震災である。あの防潮堤をはるかに越える大津波が襲い、町も駅も鉄道も壊滅させてしまった。あのとき話を交わした住民の中には、命を落とした方もおられるに違いない。

かつて国鉄の宮古線であった三陸鉄道や、山田線、石巻線、仙石《せんせき》線などズタズタにされてしまった。福島原発事故による常磐線の被害もひどいもので、日本の幹線の一つでさえ、まだ不通のまま復旧していない。あの戦争や、原爆の悲惨さも忘れて高度経済成長に酔いしれ、豊かに暮らしてきた私たちは、煮え湯を浴びせられたのである。乗り歩きでは、後になってこんな悲しい思いをすることもあるのだ。それでも日本の鉄道は、戦時中も、戦後の混乱期も、経済成長の時期も、バブル崩壊のあとも、大勢のお客を乗せて、毎日全国を走り続けている。

鉄道の旅の良さは、人にふれあう機会が多いところにある。こればかりは、閉鎖社会の車の旅では味わうことができない。それも、グリーン車ではだめで、もとの三等にあたる普通車の四人掛け、クロス型のボックスシートがよかった。膝がふれ合ったり、窓を閉めたりするのがきっかけで、いつとはなしに話が始まる。チョコレートを分け合って食べたり、おにぎりを食べろとすすめてくれたり、お酒を酌み交わしたり、山菜やきのこを分けてくれたりする。喜びも悲しみも一緒に乗せて汽車ポッポは走る。周りのおしゃべりや、よもやま話も耳に入る。長距離列車では言葉も変わっていく。仲良くなれば、それこそ話もはずむ。こちらの身分は明かさないから、裁判所の悪口もよく聞いた。

「人を殺しているのに、あんな軽い刑でいいのか」
「判事はメモばかりとっていて、証人の顔をちっとも見ていない」
「調停委員からおこられ、怖くて話ができなかった」
「次の裁判、何であんな先になるんだろう」

「シンシカンケイがどうのって言われたが、どうも〈親子《おやこ》〉関係のことらしい」

「裁判所は悪い人や怖い人が沢山出入りする、風紀が悪いからもう行きたくない」

耳の痛い話ばかりである。

この気分は、新幹線や特急の二人掛けシートになってからバッタリ消えてしまった。前向きの二人掛けは、カップルにはいいが、他人同士ではとても話しにくいのである。ローカル列車に乗っているお客さんと表情から違う。眠っているか、ゲームに凝るか、早く目的地に着かないかと、いかにもつまらなそう。ことに指定席は、劇場と違い向こうの都合で決められるから、景色の悪い側になったり、まぶしかったり、トイレの近くやドアの横になったりする。希望すれば、と言われても一般のお客はそこまで判らない。指定席という名の「不自由席」である。個室を好む傾向が強まり、他人との接触を望まない人が多くなってきたから仕方ないが、心のふれあいまで無くしてしまったような気がする。

通勤電車のロングシートも風情がない。駅弁も食べにくい。大都会や近郊では、人の移動もドライなものに変わってしまった。うっかり声をかけようものなら、不審者扱いをされかねない世の中なのだから。

自動券売機、自動改札機もすっかり定着した。朝夕の通勤客で混雑する大きな駅ばかりでなく、ローカル線の小さな駅にまで見られるようになった。昔は切符を窓口で買い、改札口で硬い切符にパチンとハサミを入れてもらって中に入ったものだ。今でも中小私鉄などの一部で見かけるが、駅員さんにものを尋ねたり、案内してもらったり、コミュニケーションを図ることができた。

そのときの態度もいろいろである。列車の混み具合を聞いてみると「そんなことは私には判らないね」と答える人もあれば「いつもすいているから多分大丈夫ですよ」という人もいる。乗ってみるとその日はたまたま遠足の子供たちで一杯。でもどっちの答えに腹が立つだろうか。

「走ると危ないよ、待っているからゆっくりね」と、発車合図を遅らせる車掌さん。間一髪でドアを閉め「電車は時間通り出るのと違いまっか」とうそぶく駅員さん。発車合図を遅らせるなんてもってのほか。服務規律に違反するわけだが、規則に忠実でさえあれば、いいことなのだろうか、考えさせられるのであった。

長い間には、汽車旅も様変わりする。かつて女性の一人旅は曰《いわ》くありげで、めったにお目にかかれなかったが、そんな姿は消えて明るい女性客が多くなった。鉄道ファンの「鉄ちゃん」ならぬ「鉄子」とか「鉄女」いう言葉まで生まれた。そしてお年寄りも目立つようになってきた。でも旅には悲喜こもごものドラマが展開する。たった一分の遅れで接続列車に間に合わず、おそらく人生を狂わせたであろう女性の姿を見て、胸を痛めたこともあった。それでも鉄道は賠償責任を負わないのだ。鉄道員は鉄道を扱うのでなく、人を相手にする仕事だということをつくづく知ったのである。法律家が法律を扱うのでなく、人を相手にする仕事だというのと、全く同じではないか。

旅に出ればおなかもすく。あの敗戦直後、食べるものがなく、ひもじい思いをして東京と九州を汽車に揺られて何度も往復したときのことを思うと、駅弁が買えるようになっただけでも、極楽のようなものであった。駅弁は旅の味の小箱。走るグルメと言ったらいいか。その土地その土地の名物料理、食材を、そこそこの値段で楽しませてくれるのが嬉しい。戦前からずっと、立ち売りという売り方が基本だった。売り子は、肩から提げた大きな箱の中に山のように弁当を積み上げ、遠くまで通る売り声で、ホームを走り回って売り歩く。客車の窓は開けられるが、停車時間は限られている。その間に、窓や入り口のデッキで、どれだけ多くの弁当を売りさばけるかが、腕の見せどころであった。

買うほうも忙しい。お目当ての名物駅弁が買えるだろうか。売り切れだったらどうしよう。沢山の弁当の中からどれを選ぶか、という楽しみもある。客車の窓を開け、あるいはホームを走って売店を見つけ、即座に決断しなくてはならない。手掛かりは、掛け紙や容器、かすかな匂い。それに売り子さんの態度だろう。釣り銭のやりとりは、列車が走り出してから、窓越しに、駆け足で行うこともあった。

駅の立ち食いそば、うどん一杯にも、心遣いを感じるものがある。常磐線の我孫子《あびこ》駅で丼の糸底をちょっと拭いて出してくれた心遣い、北海道音威子府《おといねっぷ》の熱い駅そば、函館線長万部《おしゃまんべ》のもりそば、名古屋のきしめん、宇高連絡船の中の讃岐うどん、木次《きすき》線で味わう出雲そば、さらには都会の駅でのラーメンなど、麺類もさまざまだ。終戦後間もない一時期、姫路駅でぶっかき氷を入れた冷やそうめんを角形の焼物で出していたが、冷房もない暑い車内ですする味は格別であった。

駅弁は掛け紙を取るまで、中身が判らないのがいい。玉手箱を開ける気分といったらいいだろうか。掛け紙のデザインにも、ピンからキリまであるし、蓋を開けたときの色どりも美しいものから雑なものまで、味に至ってはそれこそ各種各様、当たりもあればはずれもある。心を込めて作られたものかどうかは、開けたらすぐ判るから不思議だ。名寄本線の渚滑《しょこつ》駅では、駅前の食堂でおばさんが一人で一所懸命一日数個のお弁当を作って駅に出していた。素朴な味わいが嬉しかったが、駅とともに消えていった。駅前食堂にも思わぬ名品がある。岡山県は下津井電鉄の下津井終点の駅前食堂で食べたタコの煮付け一皿は、絶品だった。

心に残る名物駅弁の一つに、熊本県八代《やつしろ》駅の「鮎の塩焼き弁当」があった。球磨《くま》川の天然ものを一尾塩焼きにして入れてあるという。ところが何度八代駅を通っても買えないのだ。たまりかねて途中下車し、駅前のみずあらい商店を訪ねて聞いてみた。

「すみませんねェ。天然鮎に限りがあるので朝早く売り切れてしまうんですよ。今度通るときには電報入れて下さい。ホームまでお届けしますから」

電話がまだ不便で、急ぎの用は電報を打つ時代。でも確実に手に入れたいと、次の機会には駅前ホテルに泊まり、朝一番に店を訪ね、ホームに向かう売り子さんから出来立ての弁当を買い求めた。球磨川に沿って人吉に向かう列車の中で蓋を取ると、熱々の天然鮎の香りが車内一杯に広がり、期待していた以上の逸品であった。思い立ってから一〇年目のこと。この名弁、今はもうない。

　食糧事情がよくなり、駅弁が多く出回るようになった昭和三〇年代から、全国各地で買い求め、実際に食べた駅弁の掛け紙を集め始めた。中身を色鉛筆でスケッチし、味の寸評を書き加え、線別に整理して保存したのである。中にはカートレイン乗客のため東京新橋にあった貨物駅の汐留

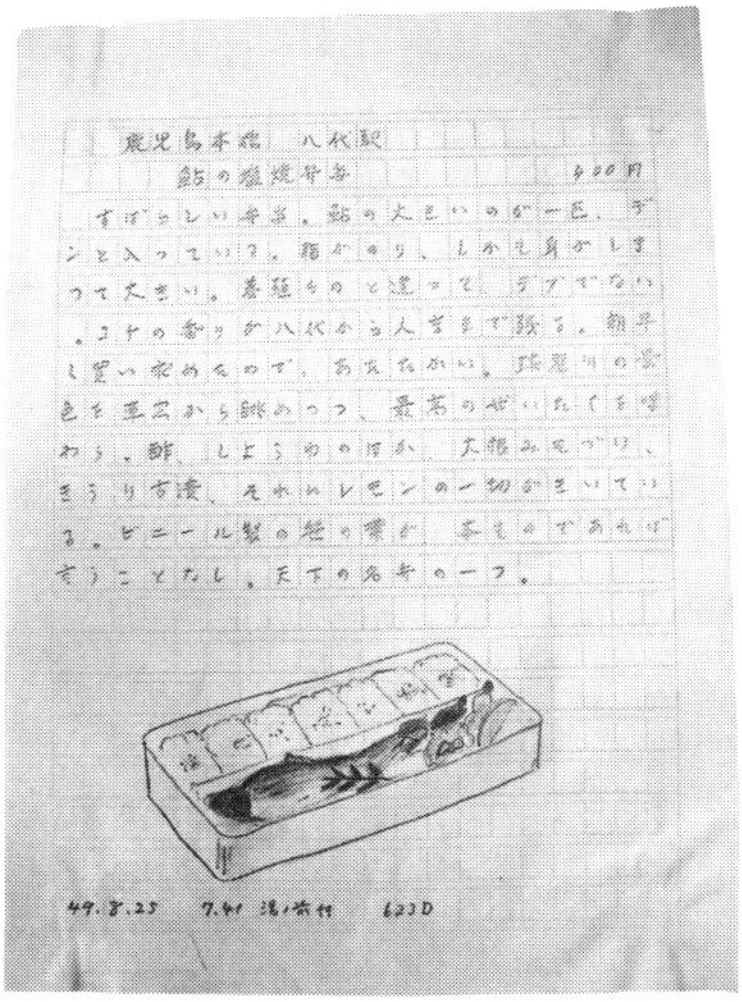

八代駅で売られていた駅弁、「鮎の塩焼弁当」の掛け紙(上)とその中味（スケッチと説明は著者）

カートレインと著者（昭和61年１月10日）

駅で売り出された「大木戸弁当」の掛け紙のような珍品もある。これらの掛け紙を集めて貼り付けたスクラップブック約四〇冊も、沖縄キリスト教学院大図書館の、「石田穣一鉄道図書コレクション」に収められている。

ちなみにカートレインは、昭和六〇年（一九八五）ころ、汐留駅から九州の東小倉駅まで、ノンストップで車とお客を一緒に乗せて走っていた。車を貨車に乗せ、人は同じ列車の寝台車を使う。車と一緒でないと乗れないので、ＢＭＷ車を持ち九州まで行ってくれる友人の協力を得て、私も一度だけ乗ったことがある。かつてスイスのブリークとカンダーシュテークの峠越えをするとき、車と客を同じ列車で運び、トンネルで結んでくれた「アウトツーク」と同じ発想のものだ。運転者の疲労防止とエネルギー節減のためとても役に立つ。日本では、北海道向けも一時走ったが、利用者が少なかったのか、やがて全て消えてしまったのは残念だ。もっと活かせないものかと思う。

近ごろ駅弁がブームになっているが、その姿はすっかり変わった。停車時間は短くなるし、窓は開かないし、立ち売りの姿もほとんどない。ホームの売店でも買えなくて、改札口の外に出るしかない。駅ナカ、駅チカで売られている駅弁の数と種類の豊富なことは目を見張るばかり。最近の駅弁は少し奇をてらい過ぎるようだ。もっと腰を据えて名物駅弁を守り抜く気構えが欲しい。デパートの駅弁大会も定着し、今や大盛況である。掛け紙に中身の写真を使ったり、店頭にサンプルの写真を並べて判りやすくしているが、あの玉手箱を開けるときのようなスリル感は薄れてしまった。

7号車　法服を脱いで

鉄道乗り歩きをしていると、「さぞかしお金とヒマが要るのではないか。普通のサラリーマンにはとても出来ないことだ」と、よく言われた。

お金のほうは、もちろんそれなりにはかかるが、富裕層でなくても、困るほどのことはなかった。そのころの運賃はわりと安かったし、新幹線、特急、寝台やグリーン車などは滅多に使わないからである。酒やたばこはやらないし、ギャンブルに手を出すわけでもない。ゴルフや骨董など、ほかの趣味だって結構お金はかかるだろう。これは心掛け次第だと思う。しかしヒマを作るのは本当に大変だった。

判事は激職といわれ、決してヒマではない。沢山の事件をいつも抱え、判断を下す。私もみんなと同じように仕事をしていたからである。ヒマは待っていてもできるものではない。もぎ取るようにして作るものだと思う。

判事の仕事がどんなに厳しいか、ちょっとお話しよう。まず厚い記録をこまかく読んで審理に備える。黒い法服を着て法廷に入ればもう真剣勝負、出された証拠によって真実をつきとめ、適正な判断を下し判決を言い渡す、というのが基本である。法廷では、証人や被告人の言動は少しでも見逃さないようにし、うそを見破ることに全力を集中する。また傍聴席にも目を配る。判決をすれば、どちらか一方からは必ず恨まれる。その心労はとても語り尽くせるものではない。今は、市民から選ばれた裁判員の方々が経験されるようになったが、プロとはいいながら、それを毎日のように務めるのだからストレスも溜まる。

法廷以外にもいろいろな仕事がある。関係者との審理の打ち合わせ、事件の合議、令状や勾留の手続、保釈や仮処分の判断、和解や調停、家事や少年事件の審判、検証や証人調べのための出張もある。判断に必要な知識を勉強したり、判例や資料を調べたりする。また夜中に自宅で、警

東京地裁法廷、法服姿の裁判長が著者（昭和54年３月）

察から請求された逮捕状を出すかどうかを決めることもあるが、大きい役所では当番制でやっていた。

裁判官は独立で、自分の責任で仕事を進め、納得のいった段階で判断するから、一種の請負仕事みたいなものだ。判決書の原本は当時、和文タイプライターで打たれていたが、その原稿は必ず自分で書く。これを起案《きあん》という。もちろんパソコンもなく、すべて手書きである。役所では書くヒマがないから、自宅に事件記録を持ち帰り、徹夜をしたり、休日も判決書きに追われるのが当たり前であった。普通のサラリーマンのデスクワークや、営業の忙しさとは質的に違うのが、せめてもの慰みであった。私が天職として判事を選んだのもそこにある。ところが、逆にダラダラ仕事を引きずってしまうと、何もやれなくなるおそれがあるのだ。かといって、仕事に追いまくられ、ゆとりがなくなっては、良い判断ができない。慎重にというのは、時間をかけることではない。集中して決断を早めることも大切ではないか。

先輩判事からは、「判決書は判断の結晶だから、心血を注いで書くものだ」と教えられており、私も若いうちはその通りだと思って仕事をしてきた。著名事件といわれるものも、テレビや新聞も取り上げない沢山の事件も、判断の厳しさはどれも同じである。でも心血を注ぐのは「判断」であって、それをどう文章に表すかは別のことではないか。近ごろの判決書は長いものが多い。判断がついたのに、判決書きに半年も一年もかかっていたのでは、書くほうも判決を待つほうも、たまったものでない。そう気がついてから、判決書はなるべく短く判りやすく、できるだけ法律用語を使わないように、と心がけた。

証拠を詳しく検討し、判断に達するまでの心の動きは、百万言費やしても書き表せるものではない。無駄な言葉を省くだけでも違う。「〇〇のことは言うまでない」なら言わないことだ。「あまりにも明白である」と言い切るなら、クドクドした説明は要らないはずだ。かつて仕事の合間に、小学館の『日本国語大辞典』の法律用語の解説をしたときの経験も役に立った。

判事も宮仕えの身、週末と休日、夏場の休廷期間しかヒマが作れない。進んで休暇をとるなんて、とてもできる状態ではなかった。そこで休みの日には一切仕事をしないで、乗り歩きに充てた。これを目指して、平日は全力で仕事に集中するのである。休日も判決書きに追われていては、能ノコノコ鉄道乗り歩きなどやっていられないではないか。いやいやながら仕事をしていては、能率も上がらないし、間違いも起きやすい。休日を楽しみにして集中すれば、仕事ははかどるし過ちも少ない。また楽しみに集中できないようでは、いやな仕事はもっとできないと思う。一言でいうならば、チャンネルの切り替えをうまくするのがコツであった。テレビのチャンネルは、今のようにピッピッとやるのでなく、小さな丸いハンドル装置をカチカチ手で回して切り替えていた。その感じが、仕事と趣味を切り替えるのにピッタリなのである。

仕事が終わると、黒い法服を脱ぎそのまま東京駅へ。夜行列車で遠くに出かける。旅に出たら仕事のことは一切考えない。満員の夜行列車や駅のベンチで過ごしても、あの敗戦前後の地獄列車を思うと、何と恵まれ幸せなことか。平和であればこそ汽車は走れるし、乗り歩きもできるのである。帰りもまた夜行で朝早く上野駅に着き、そのまま役所へ、というパターンもよくあった。法服を着て何ごともなかったようにすまして法廷に入るのである。日本の鉄道は、こんな芸当ができるほどの正確さで、ほとんど時刻表通り走ってくれた。もちろん事故や災害、列車の遅れなどもあったが、季節と天候を考えて行く先を決め、なるべく計画にゆとりをもたせたこと、それに運も良かったので、法廷に穴を空けたことは一度もなかった。乗り歩いた明けの日は、かえって気分が爽やかで、仕事にも力が入る。公務で出張するときは、往きと帰りのコースを変えるようにし、宿の朝食前のひととき、近くのローカル線に乗ってくるくらいのことは、いつもやっていた。チャンスは一度逃がすと、もう戻っては来ない。

また、私ばかりが乗り歩きの旅に出ていたのでは、家族からも不満が噴き出す。かといって、家族連れでは足手まといになる。そこで家内と子供たち二人は、私とは別に旅行してもらうようにした。お金はかかるが、これも必要経費である。家内はオーストラリアのメルボルンまで行って、私の知らない路面電車にも乗っている。そのお陰であまり不満もなく、気持ちよく協力してくれた。子供が大きくなってからは、なるべく夫婦で出かけるようにしている。

こんなことを「鉄道乗り歩きの極意」という小文にまとめ、『文藝春秋』の平成一七年(二〇〇五)一二月号に載せたら、これが思いもかけず、日本エッセストクラブによる二〇〇五年ベストエッセイ六〇編の中に選ばれたのである。二次予選を通過した一八二編の中から、十返千鶴子さんら六人の最終選考によって決まったという。このエッセイ入選はちょっと嬉しかった。

仕事に集中すると、案外ヒマはできるもの。乗り歩きだけでなく、ほかの趣味にもけっこう時間を充てることができるようになった。好きな芝居や音楽、美術、食べ歩きなども十分楽しんだ。役所にいても昼休みを有効に使い、ランチを楽しむのである。そのため、できるだけ外食するようにし、仕事とのメリハリをつけた。その成果をまとめたのが、司法研究報告書のパロデイ版、『嗜好《しこう》研究報告書・霞が関周辺における昼食の実証的研究』である。ワープロで作り同僚や職員に配ったところ、意外と評判になった。海賊版公認としたため、これが近くの行政官庁にまで広がり、ついにマスコミにまで取り上げられてしまった。一部を整理して引用しよう。乗り歩きと食べ歩きを続けたことから生まれた発想で、鉄道とはあまり関係ないが、ものの味方、チャンネルをうまく切り替えるためのヒントにはなるだろう。

霞が関周辺における昼食の実証的研究（抄）

第一　昼食の解釈、運用に関する諸問題

一　勤務時間と昼食

昼食の休憩時間が定められているので、この時間内にとらなくてはならない。執務の都合ではみ出ることもあるが、節度は守る。昼食時間を大幅にはずした時間帯に食するカップ麺、大判焼、焼芋の類は、昼食としては不適法と判断する。

二　昼食場所の選定

愛妻弁当、持帰り弁当、通勤途中で買い求めた駅弁も、近くの公園や広場などで食べる。執務机は仕事のためのもの。おかずをこぼしたり、匂いを漂わせるのは、庁舎管理上も問題がある。庁内食堂は、事件関係者らと顔を合わせ、互いに何を食べているかが判明する。上司、先輩もいて挨拶に追われ、食べた気がしない。メニューも話題も限られる。外に出るのが億劫になり。意欲も衰えてくる。

第二　庁外食の意義及び効用についての憲法的考察

一　苦役からの解放（憲法一八条）

昼休みに外に出て外気を吸い、特色ある店を訪ねて食べるだけで心機一転。午後の執務が爽やかに行なえる。苦しい仕事から離れる開放感と幸福感は格別。

二　健康で文化的な生活（憲法二五条）

時間内に戻るため、往路を速歩で、なるべく遠くまでいくのが健康的。一日中座ったままでは世間が狭くなる。季節の移り変わり、すれ違う女性や男性の魅力、耳にする新鮮な会話などが、心の豊かさを盛り上げる。帰途はゆっくり歩き、ウインドウーショッピングや展覧会、野外コンサートも。開店祝いや、宣伝のお土産を貰えることもある。ポケットティッシュもすぐたまる。

三　司法の独立（憲法七六条）

裁判長や上司がもりそばにするからといって、これに追随して、もりそばで我慢するようでは情けない。独立して食権を行使すべきである。

四　食業選択の自由（憲法二二条）

和食、洋食、中華、麺類をはじめ、ステーキ、焼肉、天ぷら、寿司、鍋に丼もの、バイキングに至るまで、庁外の昼食は種類が豊富。その日の体調、腹具合、生活条件によって、自由に選択することができる。

五　両性の平等（憲法二四条）

女子職員を食事に誘うのも、夜だと物議をかもす。昼食なら、爽やかに、対等に、公然かつ平穏に誘い出すことが出来る。女子職員の方から男子に対しても気軽に声をかけられる。

六　集会の自由（憲法二一条）

部会、同期会、歓送別会など、仲間同士の集まりを、夕食と決めないで昼食会にする。手軽で会費も安く集まりやすい。カッコよくいえば午餐会。ただし小人数で。

第三　実務上の法律問題

二　審理の促進

役所を出るまでにモタモタしない。トイレも出口に近い所を利用し、スタートダッシュに心掛ける。目指す店に迷わず入る。行列が長いときは、他に切り替えることを早く決断する。女性客が多いと時間がかかる。注文はみんなの食べているものが早い。特殊なものを注文しない。

三　道路交通法との関係

貴重な時間を赤信号で費やさない。早めに信号を確認し、足度を加減して交差点を渡り切る。青信号の方にすばやく経路を変え、行けるだけ先に進む。

四　費用の各自負担

昼食は割勘を原則とする。昼食を楽しむ一番の秘訣。おごるときでもコーヒー程度。レジの前で、債務者同士金銭のやりとりをしない。みっともない。

第四　優良店の条件

一　うまいこと。

各人の嗜好（好き嫌い）、体調（腹具合）、生活条件（とんかつが続く）などにより違う。値段や、店の感じとも関連する。「うまい」というのは主観的なもので、当てにならないが、まずいのでは困るという意味。一つの店で、品書きの全てがうまいというものではない。店の目玉を発見する。

二　安いこと。

安くてもまずいのでは困る。多少高くてもよいものを食べれば満足感がある。相対的なもの。量が多かったり、ご飯、味噌汁のおかわり自由も目安。

三　感じがよいこと。

気合いの入ってる店、また来たくなる店を探そう。混んでいても心遣いを感じる店はある。丁寧な仕事で待たせるのはよいが、昼食時には限度がある。気合いと、けたたましいのとは違う。「並」注文の客を大切にする店はよい。

第五　優良店の発見

一　五感の作用による検証。

ここと思う店に入り実際に味わってみる。ハズレもあるが、研修を積むと正解の割合が多くなる。マスコミの情報は、有名店に片寄るうえ、取材のため特別に調理したり、取材費で食べているため、当てにならないことが多い。話題性はある。知人の推薦、ことに食通の推薦は貴重。味や好みは主観的なものだが、どこか取柄があるはず。人の噂は、店を見つけるのに苦労するが、味は案外当てになる。相客の会話には耳を傾けておく。

二　大事な状況証拠

店構えは古くても小綺麗である。掃除が行き届いている。ゴミの処理に心配りがある。店を出てくる客が満足そうな顔をしている。お客に若い女性が多い。店内が適度に混んでいる。店からうまそうな匂いが流れてくる。ただし匂いを流して客を呼び、ひどいものを出す店もある。見本として現物が表に出ているのは、無神経だが信用性は高い。蝋細工は当てにならない。ほこりをかぶっているのは論外。

三　目玉品の発見

品書きの一番始めに書いてあるのを注文するのが無難。周りを見回し、客が一番多く食べているものがよい。調理場からの匂いでその店の得意料理をかぎ出す。今回はハズレでも、次回のため他の客の食べているものをよく観察しておく。

このほか、店員のおしゃべりや、服装の乱れ、食器の片付け方など、いろいろな観察点にふれたうえ、実食したお店を紹介する各論が続く。

この報告書には、ランチタイムに鉄道の旅をする方法も載せた。私が実際に実行してみたものである。

東海道五十三次小さな旅

一二・〇二　霞ヶ関発　地下鉄丸の内線　池袋行
一二・〇七　東京　着
一二・二三　東京　発　国府津行　七九三列車　グリーン車
一二・三一　品川　着
一二・三四　品川　発　快速南浦和行
一二・四二　東京　着
一二・四九　東京　発　地下鉄丸の内線　新宿行
一二・五四　霞ヶ関着

（当時の時刻表による）

①　東京駅では、駅弁「深川めし」を買う。江戸の味、あなご、海苔、はぜ甘露煮、べったら漬けなどが入ったアサリ炊き込みご飯。七五〇円の逸品。これを車内で賞味する。お茶も忘れずに。

②　東京→品川間はグリーン車を奮発する。グリーン券は七四〇円。これをもったいないと思うようでは、まだ遊び心が足りない。国府津行は一二・一三に七番線に入線するので、停車中、走行中を通じ、豪華な旅の気分を楽しんで行く。駅弁もロングシートでは食べにくい。

③

車窓風景も楽しもう。丸の内ビル街、東京タワー、高層ホテルと、通勤で見慣れた風景とは、一味違った気分が味わえる。このレールが京、大坂、さらには博多、長崎まで通じていると思うだけで、胸がときめくではないか。新橋には停車するが、有楽町、浜松町、田町の各駅は通過の気分。モノレールの彼方にジェット旅客機が飛び、「あさかぜ」「さくら」などのブルートレインが車庫に休んでいるのを右手に見ると、まもなく第一の宿場町、品川に着く。

8号車　昭和から平成へ

昭和六二年（一九八七）四月の国鉄民営JR化は、日本の鉄道の歴史の中でも大きな出来事であった。国鉄職員の中には、裁判所職員として再就職された方も多く、私は受け入れ側の研修講師として接することになった。機関士、運転士、鉄道公安官、駅長、旅行センター長など、職種もいろいろで、皆さん不安と緊張の面持ちである。だが裁判所にも私のような汽車ポッポ判事がいると判ってから、にわかに親近感をもち、熱心に研修を終えて新職場に向かった。もともと再出発の意気に燃えた有能な方たちだったから、職場でも評判が良く、すっかり裁判所に溶け込んだ。

東京の裁判所に勤めた元国鉄マンたちは、私を中心に「三J会」という懇親の会を作ってくれた。日本国有鉄道JNRのJ、司法ジャスティスのJ、私の本名石田穣一のJを取ったのだそうだ。飲み会をはじめ、一緒に旅行に出かけたり、鉄道グッズの宝物を頂戴したりした。鉄道と裁判所にかかわる、忘れられない一コマであった。

東海道本線を、夜行貨物列車の電気機関車に乗って走ったのは、昭和六三年（一九八八）の夏、東京高裁判事をしていたときのことであった。成蹊地理研究部の後輩で、国鉄からJR貨物の常務になっていた中島啓雄《ひろお》さんから、お誘いがかかったのである。

「電気機関車の乗務視察で関西に行く。運転台に一人分だけ余裕があるので、石田先輩、JR貨物の業務視察を兼ねて乗ってみませんか」

願ってもないお話である。喜んでお受けし、夜遅く東大井の操車場で貨物列車の引く電気機関車EF66 13号機に乗り込んだ。スーパーライナーというJR貨物の看板列車である。列車は二二時五〇分発、深夜の東海道本線を西に向かってひた走る。途中、静岡と枇杷島で停車したほかは、大阪の終点まで走りっ放しである。私は運転台に立ったまま身じろぎもせず、一睡もせず窓の外を見つめ続けた。

貨物輸送も、昨今トラックに取って代わられ、輸送戦争といわれるほどシノギを削る時代になっているが、エネルギー節減のため、鉄道がもっと見直されていいのではないだろうか。昨今は、これまでの物流に加え、遠距離輸送、宅配や通販の充実で、貨物の運搬が極端に増え、トラックドライバーの不足から深刻な危機が訪れているという。トラックによる物流の便利さにも、少し陰りが見えてきた。あの路面電車をつぶしたモータリゼーションも、今反省の時期を迎えている。貨物輸送も必ずや鉄道復権のときが来ると思う。

この貨物列車が、昭和最後の、思い出に残る鉄道の旅となった。そのすぐあと、昭和六四年（一九八九）一月七日に、昭和天皇が亡くなられたからである。

昭和天皇もまた波乱万丈の一生を送られた。戦前は「現人神《あらひとがみ》」といって、神様であるとされ、直接お顔を拝むことができなかった。全国の学校に納められた「御真影《ごしんえい》」という写真でさえ丁重に扱われた。

「堪ヘ難キヲ堪ヘ忍ビ難キヲ忍ビ以テ萬世ノ為ニ太平ヲ開カムト欲ス」あの玉音放送で流れた終戦の詔勅も、ラジオの音が不鮮明であったのに加え、難しい文章で独特のトーンをもち、降伏したのか戦争を続けるのか、内容がよく判らなかったという人も多い。あの声は本物か偽物か、と疑う人もいたのは、それまで誰も天皇のお声を聞いたことがなかったからである。でもそれは疑う余地もないほど切実感の漂うものだった。敗戦後はご自分から「人間宣言」をされ、初めて国民の前に姿を見せるようになったのである。

私も一度だけ、秋田時代に羽後本荘駅でご巡幸のお召し列車をお迎えし、間近でお姿を拝見したことがある。今の天皇のようにお優しいというより、威厳をお持ちのように見えた。「御巡幸」といって、戦争の傷跡が残るころから、何度にも分けて日本全国津々浦々を回られたのである。お召し列車による長旅を続けられたわけだが、さぞかしお疲れもあったことだろう。

昭和天皇はまだ皇太子のころ、大正六年（一九一七）に皇室として初めて欧州訪問をされた。当時のこと、空路ではなく、巡洋艦「香取」に乗ってヨーロッパに向かわれたのである。途中、沖縄の与那原《よなばる》に上陸され、首里を表敬訪問される際、与那原と那覇の間を沖縄県鉄道に乗られた。規格の小さい軽便鉄道であったが、皇族を乗せた貴賓列車を走らせたことで知られている。皇太子は、フランス滞在中にもパリの地下鉄に乗り、そのキップを記念として持ち帰られたという話も残っているので、おそらく鉄道の旅がお好きだったのだろう。ご巡幸の計画もそこから生まれたのではないだろうか。私にはそう思えてならないのである。

こうして昭和の時代は終わりを告げ、時代は平成へと移っていく。私の手元には、昭和四二年一一月一八日の日付が入った鶴見線「昭和」駅の硬券の入場券が一枚残っている。

【第四列車】

走り続けるトラムのおじさん

1号車　終着駅から旅立つ

激動の昭和を鉄道とともに生きてきた私は、こうして平成の世を迎えた。国鉄北九州乗り歩きのとき苦労した田川線、糸田線、伊田線は、第三セクターの「平成筑豊鉄道」となった。たまたま社名を公募していたときに、昭和から平成になったので、新時代にふさわしいこの名前に決めたという。

平成に入っても、鉄道とのご縁は続く。まず鉄道取材でお近づきになったレールウエーライター種村直樹さんから、テレビの鉄道番組に出て欲しい、とのお話があった。「鉄道全線乗り歩きの異色判事として、ゲストに迎えたい」というのである。現役の東京高裁判事がこんなのに出演するのは例がないので、一瞬戸惑ったが、これも経験と踏み切り、お許しを得て出演することになった。

テレビ朝日の平成二年（一九九〇）一一月二三日「プレステージ　冬・鉄道の旅」という三時

間の深夜番組である。司会はキャスターの梶原茂さんと瀧本尚美さん、四人のゲストは、種村さんのほか、鉄道写真家の南正時さん、鉄道作家の壇上完爾さん、それに汽車ポッポ判事の私、本名石田穣一である。その他鉄道友の会の吉村光夫さんらメンバーも加わり、そうそうたる顔ぶれの豪華番組である。普段はスーツに蝶ネクタイで仕事をしているが、このときばかりはサマにならない。家内と新宿駅辺りを回って派手な模様の茶色ブラウスを買い求め、ちょっと恥ずかしい気分で本番に臨んだ。テレビスタジオに入るのは初めての経験だったが、とても楽しくて、法廷に入るような緊張感は全くなかった。

「冬・鉄道の旅」テレビ朝日スタジオで、中央が著者
（平成２年11月23日）

　さすが鉄道プロの皆さんだけあって、話は面白く尽きることがない。冒頭、地方紙からの情報で、沖縄今帰仁《なきじん》村のＣ５７８７号蒸気機関車の引くブルートレイン寝台列車ホテルが紹介されたが、知らない方がほとんど、私だけが現物を見ているので、皆さんが驚いていた。この列車ホテルは今はもうない。話題は駅弁に始まり、次いでそれぞれ冬のおすすめ路線を紹介する。私は北海道池北《ちほく》線を取り上げ、厳しい寒さと、沿線に

これという名所がなくても、雪に埋もれるとまるでクリスマスカードのように美しくなる、と話した。あとは私が8ミリで撮影し、音も入れて制作した映像を二本、流してくれた。南大東島の汽車ポッポを描いた「南の島を汽車が行く」と、私の国鉄完乗をまとめた「終着駅」である。雪の降りしきる角館線松葉駅でのラストシーンを観た瀧本さんは、「あたし、ジーンときちゃった」と言ってくれた。女性を泣かせれば、もういうことはない。私の鉄道乗り歩きを集大成してくれたような番組となった。これがご縁で、写真家の南さんとはその後もずっと親しいおつきあいが続いている。種村さんは残念なことに昨年亡くなられた。

東京高裁判事をしているとき、JRと京成電鉄が、それぞれアクセスとして成田空港駅まで乗り入れたので、乗り歩きにぶらり出かけた。平成三年（一九九一）三月のこと、JR空港駅のホームに着くと、成田反対運動の集会に備え機動隊がずらり並んでいる。降りたとたんに取り囲まれてしまった。

「航空券を見せてください。用のない方は外に出られません」。別に用はないが、折角来たからには一旦改札を出て隣の京成電車に乗って帰りたい。「入場券を買ってすぐ京成で帰りますから、一度外へ出して下さい」と頼んだが、逆に怪しまれてしまった。

「これという用事もないのに、なぜ成田までやってきたのか。電車に乗るだけというのは合点がいかない。そんな弁解が通ると思うか。荷物を見せろ」

と、しばらく厳しい検問が続く。あの戦時中、特高警察から尋問されたときのことをふと思い出す。解放されるどころか、何やら険悪な事態になってきた。私もとうとうたまりかねて、「決して怪しい者ではありません」と、東京高裁判事の身分証明書を差し出した。乗り歩きに水戸黄門のようなことはしたくなかったのだが、ついにやってしまった。すると「マァいいでしょう。今回は大目にみますから、その辺をウロつかないですぐ帰ってください」と言われ、やっと放免してくれた。しかし私が大急ぎで入場券を買い、京成電車に乗り発車するまで、機動隊員のいぶかしげな眼差しは光り続けていたのである。

後日警察庁幹部の方と懇談したとき、この水も漏らさぬ警備体制に感服したと話すと「それは失礼しました。取り締まりは画一的でなく、相手の人相、風体、挙動などよく観察し、弁明の内容を不自然かどうか判断し、行動するように指導しているんですがねェ……」と言ってくれたのだが、そうだとするとますます悪い。私の人相、風体、挙動がよほど怪しく、弁解が不自然だったことになる。今だったら判事の身分証明書もないので、どこかへ引っ張っていかれるだろう。鉄道乗り歩きの中でこんな目に遭ったのは、前にも後にもこの一回限りであった。

福岡高裁に転勤することになったときは、東京から新幹線を使った。新神戸駅に着くと、関電地熱線をご一緒した上川庄二郎さんが、駅弁淡路屋の社長さんと一緒にホームに来て、名物駅弁を差し入れてくださった。友人はありがたいものである。認証式のあとの長官赴任は航空機が常識だったので、博多駅に出迎えた役所の皆さんは驚いていた。

その後も、上京するときに特急「はやぶさ」の寝台を利用したり、管内出張のときもよく鉄道を使った。博多から西鹿児島まで、特急ハイパー有明のパノラマシートに乗ったときは、嬉しくて楽しくて、目を閉じるのがもったいないくらいであった。

九州調停大会があって宮崎の裁判所に赴いたときには、国鉄から転じて研修を受け、裁判所書記官になっていた元機関士らから、思いもかけぬ特別の歓待を受けた。南宮崎駅の構内で、特急「富士」のヘッドマークをつけた電気機関車や、特急「にちりん」の運転台に乗せてくれたのである。その夜は彼らに見送られて、夜行急行「日南」のB寝台で博多に戻った。これまた役所の皆さんがびっくりしていた。

休日にはまた、年齢に関係なく青春18キップを使って宇佐、大分方面を回った。現役時代にこのキップを使ったのは、このときが最後である。直方から行橋までは平成筑豊鉄道に乗ったが、国鉄田川線乗り歩き以来のご無沙汰線であった。北九州のJR日田彦山線にある「石田」駅も通過したが、下車する時間がなかったので、あの木製駅名看板がどうなっているかは確認できなかった。こんな調子だから、またまた汽車ポッポ好きが評判となる。当時のJR九州社長、石井幸孝さんと親しくお話することができたのも、そのお陰であった。

平成五年（一九九三）三月八日、私は東京高裁長官で定年を迎えた。判事補になってからちょうど四〇年の裁判官生活に終わりを告げたのである。争いごとや犯罪という、社会のいやな面ば

東京高裁長官を定年退官、東京高裁庁舎前で著者（平成５年３月）

かりを見つめ、判断しながら、厳しい仕事をよくぞ続けてきたものだ。鉄道という楽しみがあったからこそで、もしこれがなかったら、おそらくこんなに長くは続かなかっただろう。退官に当たって、東京高裁広報誌の巻頭に、次のような短いお別れのことばを載せた。

祖父から三代にわたりお世話になった裁判所に、お別れする時がきた。

時代、世相が変わる中で、こんな厳しい仕事を四〇年も続けられたのは、いろいろな趣味に生きてきたからであろう。そして、裁判の演出や環境にも無関心であってはならず、頭の柔らかさも必要であると知った。さわやかなジャッジライフに、悔いはない。

私を支えてくださった皆さん、ありがとう。

石田穣一

天職として判事を選んだからには、定年までは全力投球するが、あとはもう法律や裁判にはかかわりたくない。法律がケンカの道具に使われたり、違法でなければ何をやってもいい、という風潮がいやになってきたからである。定年後は弁護士もしないで、海外の鉄道でも乗り歩き悠々過ごそうか、ぐらいに考えていた。ところが法曹界で多少とも名前が知られると、法律がらみの仕事の話ばかりが舞い込んでくる。この世界から足を洗うのは簡単なようでなかなか難しい。これは大変、死ぬまで法律が追いかけてくる。何かいい知恵はないものか。

考えているうちにふと、移住すれば一切の絆《きずな》を断ち切れると思いついた。移住先は、東京から遠く離れて暖かく、地縁血縁の少ない沖縄がいい。現役時代一年一〇ヶ月ほど赴任していたことがあるが、独特の歴史と文化をもち、パワーに溢れている。定年後を生き抜くには、もってこいの土地ではないか。

定年が近づいたある夜、家内に恐る恐るその話を持ち出したら、「あら、いいわね」と二つ返事で賛成してくれた。よし、そうなれば決断は早い。早速家内に沖縄に飛んでもらい、那覇市の中心部、市場の近くに小さなマンションを買い求めた。

これで法曹界から手を引くことができる。親戚、知友、学校との絆も一応断ち切れると思ったのだが、さて鉄道とのご縁はどうなるのだろう。実をいうと、そこまであまり深く考えていなかった。

その数年前、小石川に終《つい》の住み家を建て替えたばかりである。家の中の一隅には、国鉄から正規の手続きで払い下げてもらった、三等客車の木製モケット張り四人掛けのボックスシート、窓枠やブラインド、古い網棚、グローブ型電灯などを組み込んで、汽車ポッポコーナーを作っている。門の前には、腕木式信号機の一部をシンボルマークとして立ててある。移住するとなれば、折角作ったボックスシートや信号機を置いて行かなくてはならない。でも私の好きなのは鉄道乗り歩き。「遠距離恋愛」ということもある。離れた恋人に会うくらいのつもりで、ときどき本土に出掛ければいいではないか。

この決断は、まず親戚から驚かれ、友だちからは不思議そうな顔をされた。「家を建てたばかりなのに、何と計画性のないことだ」、「鉄道のないところへ行って、いつまでもつかな」。しかし子供たちは私の気持ちを察して賛成してくれた。そんな中で定年を迎えるとすぐ引っ越し準備にかかり、二〇日余り後の平成五年（一九九三）三月二六日には、もう那覇市民となったのである。

東京小石川宅にある、汽車ポッポ客車コーナー。左は著者の妻慶子

定年の挨拶代わりに、私は書きためた文を集め『旅立ち

は終着駅から』という題をつけた新書版エッセイ集を作り、親戚、知友にお配りした。宮脇俊三さんの著書に『終着駅は始発駅』というのがあるが、その発想と通じるものがある。私の定年はまさに「終着駅」という名の「始発駅」なのであった。

鉄道のない沖縄で、果たしてどんな旅立ちをするのだろうか。

2号車　車社会のお年寄り

沖縄は、かつて琉球王国という独立国であった。武力に頼らず、海外交易によって栄えた国である。軍事力でなく協和外交によって国を富ますという、広田弘毅さんの考えと通じるものがある。ところが一六〇九年、薩摩の武力侵攻に負けてその属国となるが、海外貿易の面ではなお独立国として扱われていた。明治一二年（一八七九）、今度は明治政府が武力を背景に琉球処分を断行する。その結果ついに数百年続いた琉球王国は滅ぼされ、首里城を日本に明け渡す。沖縄県はこうした苦難の途を歩んだ末に生まれたのである。

そんな歴史を調べているうちに、鉄道にまつわる話が幾つかあるのに気づいた。沖縄は決して鉄道に無縁の土地ではなかったのだ。

A　ジョン万次郎と鉄道のはなし

土佐の漁師万次郎は、無人島に漂流中アメリカ捕鯨船に助けられ、船長からジョン万と呼ばれて可愛がられ、アメリカに留学する。卒業後捕鯨船に乗り組んで世界を回るうち、一〇年後に帰国を決意する。しかし日本は鎖国中。そこで彼は一八五一年、琉球国糸満の大度《おおど》海岸に上陸したのである。豊見城《とみぐすく》村の民家に留められ、五ヶ月も取り調べを受ける。彼は取り調べの役人に、アメリカの汽車や鉄道のことを「火車」とか「レイロオ」とかいって詳しく話している。琉球王府の役人たちは、鉄道について幕府よりも早く知ったのだ。その間日本では開国の気運が高まり、彼が送り返されたときには、打ち首どころか幕府に重宝がられ、幕末大いに活躍したのである。

B　ペリー提督と鉄道のはなし

日本に開国を迫るアメリカのペリー提督は、那覇に五回も立ち寄り、ここを拠点にして江戸へ向かった。その際彼は、幕府に蒸気機関車の模型一式を献上し、江戸城内で走らせている。ライブスチームほどの大きな模型だったらしい。だとするとこの鉄道模型は、献上されるまでペリー艦隊の船倉に眠り、那覇港の沖合に停泊していたわけだ。那覇に上陸した水兵が、琉球の子供たちと汽車ゴッゴをして遊んだという記述も残っているという。彼は日本の開国に成功した後、琉球国とも琉米修好条約を結んで帰国した。那覇市泊の港には、一八五三年六月六日ペリーが初上陸した日を刻んだ記念碑が建っている。

C　伊江王子と鉄道のはなし

明治五年（一八七二）一〇月一四日、明治天皇臨席のもと、新橋〜横浜間の鉄道開業式が行われたとき、維新慶賀使として上京していた琉球国尚泰王の名代、伊江王子も参列した。そして明治天皇とともに、この日の記念列車に乗っている。横浜に着いたとき、王子は国鉄全線完乗を果たしたのである。私の鉄道乗り歩きの大先輩に当たるわけだ。その機会に明治政府から、琉球国王を琉球藩王とすると告げられ、その意味もよく判らずに帰国する。実はこれが琉球処分への伏線であった、事態は明治一二年（一八七九）の琉球王国の滅亡へと進んで行く。

沖縄県になっても、政治、教育、税制など、本土と差別されることが多かったが、鉄道もその一つ。国有鉄道が手をさしのべることはなかった。それでは県で作ろうということになり、日本赤十字社の起債による借金をして、県営の軽便鉄道を作った。これが沖縄県鉄道である。与那原線、嘉手納線、糸満線の三本で、最初に走り出したのは、大正三年（一九一四）一二月一日、那覇と与那原を結ぶ路線である。大事な産業である砂糖キビを運び、県民の生活と文化を引いて三〇年も走り続けた。ドイツ製蒸気機関車もあって、県民は、規格の小さい軽便のことをケイビンと呼び、走る音や汽笛を「シッタンガラガラ・シッタンガラガラ　アフィー・アフィー」と囃し言葉で歌って親しんだ。中学生や女学生の通学のほか、那覇の街に買物に行く客、市場に物を運ぶ客、お祭りに参加する客、芝居見物に出掛ける客で、列車はいつも賑わっていた。規格の小さい軽便鉄道なのに、初めのころはグリーン車に当たる二等車も連結されていた。時間が正確で、大きな事故もなく、県の職員である駅員も、なかなか気合いが入っていたという。皇太子が乗車されたのも、その実績が買われたのだろう。

ところが太平洋戦争の末期になると、沖縄戦に備えて、大陸や本土から続々と兵隊がやってきた。武器も運ばなくてはならない。軍も初めは、たかが軽便鉄道と軽く見ていたようだが、軍事輸送に大いに役立ったので見直したという。そのかわり、一般の住民はほとんど乗れなくなってしまった

昭和一九年（一九四四）一〇月一〇日の大空襲で、那覇の街はほとんどが焼け野原となった。那覇駅も全焼し、機関車や車両も被害を受けたため、ケイビンの運行も怪しくなってきた。その直後の一二月一一日、糸満線稲嶺駅近くで、兵士、弾薬などを満載した貨物列車が、積荷に引火して大爆発を起こした。大勢の兵士と沢山の武器弾薬が失われ、その後の戦略にも影響を及ぼすほどの大惨事だったが、軍の極秘事項として一切が口止めとされた。最近になってこれを知る人たちが重い口を開き、ようやく真相が明らかになってきたのである。

昭和二〇年（一九四五）四月には、アメリカ軍が沖縄本島に上陸し、住民を巻き込んだ激しい地上戦が始まる。海からはひっきりなしの艦砲射撃、空からは照明弾による昼夜の爆撃、地上で

は、大砲や機関銃、恐ろしい戦車や、火炎放射器による攻撃が続く。日本軍は南部へ撤退し、住民はあてもなく逃げ惑い、命を失った。那覇を含む中南部一帯はまさに地獄さながら、戦闘が終わったときには、見渡す限り灰色の砂漠と化してしまったという。県民が重い口を少しずつ開いて語り出す言葉をあちこちで聞くたびに、地上戦というのは、本土の人の想像を遙かに超える壮絶な、陰惨なものだと知った。

そんな地上戦の中で、ケイビンも全て破壊されてしまった。沖縄県鉄道は、採算が取れなくて廃止したのではない。戦火によって消えていったのである。こんな悲しい鉄道があるだろうか。戦前日本の領土だった樺太《からふと》の鉄道も戦争に巻き込まれたが、現在はサハリン鉄道としてよみがえっているという。一方、ケイビンは復活どころか、正式の廃止手続きもないままであると聞く。

沖縄本島南部の摩文仁《まぶに》には、沖縄地上戦の直前に死を覚悟して赴任してきた島田叡《あきら》知事をはじめ、戦争で亡くなった県庁職員四六八人の慰霊碑「島守の塔」があるが、県営鉄道の職員も含まれている。またそのすぐそばの「平和の礎《いしじ》」には、沖縄戦で命を失った二四万人の個人名が、赤ちゃんを含む老若男女の住民、日米の軍人兵士など、国籍、敵味方を問わず全て刻まれている。戦死したアメリカ軍将兵の名もローマ字で書かれ、沖縄のグローバルな発想に胸を打たれるのだが、この中にはもちろんケイビンの乗客や県鉄関係者の名前もあるはずである。

でも二四万人というのは亡くなった方の数で、それ以外にも、多くの負傷者、家族親族の悲しみ、友人ら生存者の苦悩などが背景にあることを忘れてはならない。沖縄戦だけでもそうなのだから、広島・長崎の被爆者、全国の空襲犠牲者など、戦争による一般住民の死亡者、負傷者、その周辺の人の数と悲しみは、計り知れないものがある。

ケイビンの遺跡はもうほとんど残っていないが、私は、乗り歩きのできない沖縄でせめてもと思い、何度も探し訪ね歩いてみた。鉄道遺跡歩きである。広大な米軍嘉手納基地の中に埋もれてしまい、訪ねて行けない場所もある。ケイビンの遺跡を訪ねると、本土の赤字線の廃線跡と違って、全てが戦跡であることに気づくのだ。鎮魂の想いなくしては訪ねることができないのである。「沖縄には鉄道がないから行かない」と決めていた宮脇俊三さんを、ケイビンの遺跡に向かわせたのは私であった。彼が「鉄道考古学」という言葉を口にし。廃線探訪の旅を始めたのは沖縄県鉄道の遺跡からである。その著書『失われた鉄道を求めて』の巻頭の文章は、ここから始まっている。

鉄道は、平和でなければ走り続けられない。それを教えてくれたのは、原爆救援列車のことを書いた桃坂豊さんだった。彼は「ひめゆり平和祈念資料館」でケイビン列車と笑顔の女学生たちが写っている戦前の写真を見てそう思ったという。戦争はあの女学生をはじめ、多くの住民の命を奪っただけでなく、歴史も、文化も、生活も、人の心も、そして鉄道の息の根も止めてしまったのである。

戦後の沖縄は、アメリカ軍の占領により、土地を強制的に奪われ、銃剣とブルトーザーで基地が作られるところから始まった。県民の四人に一人といわれるほど、多くの住民が死亡し、生き残った者は全て捕虜となり、収容所に入れられた。那覇の街も、日本人は一人も入れなかったという。その後二七年に及ぶアメリカ統治時代に鉄道復活の動きも何回かあったが、結局そのままになってしまった。何しろアメリカは車社会である。沖縄にも車がどんどん入ってきた。昭和四七年（一九七二）本土に復帰してからも鉄道の復活はなかった。

こんな悲しい歴史に揺すぶられた沖縄には、異常なほど車が溢れていた。小さな島だが、那覇市を中心に中南部だけでも約一〇〇万人が密集して暮らしている。モノレールはまだなく、電車は一本も走っていなかった。県内の車は一〇〇万台を超え、渋滞度は東京、大阪を抜いて日本一、バスも渋滞に巻き込まれて使命を果たせないでいるから、通勤、通学はみんな車である。スーパーはもちろん、近くのコンビニに行くのも車、日常の買物やお医者さん通いも車、年金受け取りに郵便局や銀行へ行くときも車、映画や芝居見物、ジョギングやスポーツジムに行くときも車、食堂や居酒屋に行くときもみんな車である。入口から入口まで、雨にも濡れず荷物も運べる。こんな便利なものはないと、県民は車社会を自慢し、謳歌《おうか》していた。

ところが私のように、鉄道とともに生きてきた者にとっては、街に背骨がないようなもので、何とも頼りないのである。電車がなければ駅もない、駅がなければ駅前文化も育たない。街は車ばかりで、観光客で賑わう那覇の国際通りのような一部道路を除き、あまり人が歩いていないのである。全く人影のないところさえある。本土のように電車があって車を使うのと違い、電車がなくて車だけ増えるのだから、同じモータリゼーションといっても本土とは全く異質なのである。広大なアメリカ大陸と、沖縄のような小さな島とではわけも違う。

私も、いつの間にか高齢者の仲間入りをし、学生時代から更新し続けてきた二種免許も捨てたから、路線バスと徒歩が中心の暮らしである。ところが路線バスはいつ来るか判らないので、みんながないがしろにする。バスの方もお客をおろそかにするから、公共交通が育たない。バス停の位置も車優先で決められ、とても判りにくく、慣れない人はなかなか乗れない。お年寄りは乗り降りの階段が苦手、ノンステップの普及もまだまだである。やっと来たと思っても。車が邪魔してバス停に着けられないから、歩道とバスの間に段差ができる。ノンステップを、ノンストップと間違えて乗らなかった人もいる。

車を運転していると、信号と前の車だけが目に入り、ほかを見るゆとりがなくなる。騒音も排気ガスも感じないですむ。ところが歩行者は、いつも車の危険にさらされ、騒音に悩まされ、溜まり水を跳ねかけられ、タバコより恐ろしい排気ガスを吸わされる。シートベルトやエアバッグだって、歩行者には何の役にも立たない。「嫌煙権」があるのに「嫌車権」ってないのかな。

電車があったらいいなと思っても、口を出そうものなら、「鉄道は時代遅れ。これからは車だよ」とせせら笑われるのが関の山。しばらくは鉄道のテの字も口にせずにいた。

ところが国際通りの皆さんから、「渋滞と排気ガスで、観光客がいやな思いをし、商品が黒く汚れて困っている。クサイ通りなんて言われないよう、何かいい知恵はないか」と相談を受けた。

便利な車も増え過ぎるとかえって困る。駐車場にも限りがある。みんな内心は車社会にうんざりしているはずだ。そう感じて、おそるおそる海外で活躍している現代型路面電車と街づくりの話をしてみた。よくいわれるLRT、ライト・レール・トランジットのことである。すると意外にも反応がいいではないか。これはイケルと思った私は、平成九年（一九九七）一二月、初めて地元紙にLRTや路面電車のことを寄稿した。そしてトーンを少しずつ上げていった。

沖縄でも、車がなくてちゃんと暮らしている人は沢山いる。車を持てない人、運転できない人、あえて運転しない人も大勢いる。でもお年寄りや体の弱い人、赤ちゃん連れのお母さんなど、車に頼れない人たちは不便で外出しにくく、みんな困っている。歩いて外出することがだんだん億劫になり、健康長寿も危うくなってきた。お年寄りはこれから増えるばかり。高齢になれば目もかすみ、手足の運動も鈍くなる。元気な人も、いつ病気や事故で体をこわし、運転できなくなるかも知れないのに。

一方、車だって本当に便利だろうか。腰を曲げての乗り降りは、お年寄りには結構きついもの。渋滞のイライラ、駐車場探し、維持費の増加などで、みんな困っているに違いない。イライラからくるトラブルや、無理な追い越し、車線変更、スピード違反や飲酒運転などで交通事故は多発する。ヤンバルクイナやイリオモテヤマネコまで轢かれる数が毎年増えてきた。運転者にとっては常に不安がつきまとう。好意の同乗も、事故を起こせば責任問題が厄介になる。これに観光客によるレンタカーの増加、米軍所属のYナンバー車の暴走まで加わって、まさに交通戦争の様相である。最近バスの乗客減にほんの少し歯止めがかかったと報道されたが、車の便利さに、陰りが出てきたことの現れであろう。

沖縄に移住し、法律と縁を切ったからには、大学でも法学は教えたくない。そこで沖縄キリスト教短大の保育科で「保育」の授業を受け持った。学生さんは、子供の心理や栄養などは学んでいるが、理不尽な母親がまかり出てくるとオタオタしている。親離れ子離れの問題をはじめ、大人になるための心構えも学び、母親に堂々と太刀打ちできる保育者になって欲しい、そう思ったからである。これなら現役時代の経験が活かされる。ところがそのお陰で、逆に私の方が社会福祉や高齢者問題を学ぶことになった。

そこで福祉団体に協力してもらい、車イスに乗って歩道橋や交差点を渡ったり、アイマスクを着けて国際通りや商店街を歩いたりした。そして歩道橋が歩行者や車イスにとって何ときついものか、歩道への僅かな段差がどれほど危険か、車の出入りのための歩道の傾斜がいかにこたえるかを、初めて知ったのである。街づくりが人のためでなく、全て車のために出来ているのだ。この体験もまた車社会を考える上で役に立った。

車は素通りするから商店街はさびれ、排気ガスで大気はますます汚れていく。沖縄県の試算では、車の渋滞による県民の経済ロスは年間一六〇〇万円にも及ぶという。石油資源もやがて燃え尽きる。何よりも、一台に平均一・六人の乗車率と、効率が悪い。中心市街地の貴重な土地が駐車場に使われる。車をもうこれ以上は増やさない知恵と工夫が必要ではなかろうか。こんな車社会を変え、公共交通を充実させるには。鉄道が大いに役に立つ。

ただ鉄道といっても、新幹線からＪＲ型電車、地下鉄、モノレール、東京のゆりかもめのような新交通システム、路面電車などいろいろな種類がある。その土地の風土や住民の暮らしとも大きくかかわるので、どれを選ぶかはとても大切なのである。沖縄にも、戦前はケイビンのほか、那覇と首里とを結ぶチンチン路面電車や、与那原〜泡瀬、那覇〜糸満には馬車鉄道が走っていたし、戦後は昭和五〇年（一九七五）に開催された沖縄海洋博覧会会場内を走る新交通システムＫＲＴなどがあった。しかし、今さらケイビンそのものを復活させるとか、馬車に軌道を走らせるわけにはいかない。私のこれまでの乗り歩きの経験から、この小さな島、車社会の沖縄には、ＪＲ型電車よりも、建設費が安く、車とも共存できる、トラムと呼ばれる現代型路面電車がピッタリで、一番ふさわしいと思うようになったのである。ライトレールとか、ＬＲＴともいわれる、新しいケイビンである。

それから私は、講演会やテレビ、ラジオの出演、マスコミへの寄稿など、機会があるたびに、現代型路面電車トラムのことを取り上げて、沖縄にもぜひ走らせようと呼びかけるようになったのである。鉄道への思いが、南海の小島でこんな形で展開することになろうとは、全く思ってもいなかった。

3号車　ゆいレール八景

沖縄に移り住んでも、肝心の離れた恋人「鉄道」とは、疎縁にならないようにと、乗り歩きは続けている。新幹線をはじめ、名古屋や大阪の地下鉄がチョコチョコ伸びる。中には見落としそうな短い路線、芝山鉄道みたいなのもある。新線が開業すると何本かまとめて乗りに行っているので、完乗の状態は続けているが、札幌や仙台まで行くのは一仕事になった。航空機には「自由席」がないから、思い立ったらすぐというわけにいかない。現役のころに比べてヒマはできたが、お金がかかる。ひところに比べ、新線開業が少なくなりホッとしていたが、ついこの間、北陸新幹線が開業してしまった。これはいずれ乗りに行くか。

地元沖縄に鉄道のお仲間、モノレールという新線が生まれたのは、平成一五年（二〇〇三）八月一〇日のことであった。定時定速運転でバリアフリー完備、渋滞を解消する、というふれ込みで、戦後何と五八年ぶりに街なかを走る軌道系電車がお目見えしたのである。愛称は「ゆいレー

見上げる「ゆいレール」沖縄に開業（平成15年８月10日）

ル」。沖縄で助け合いを意味する「ゆいまーる」と、モノレールをかけたものだ。私も感慨深い気持ちで開業の日を待った。さぞかし県民待望のことだったと思うのだが、実は必ずしもそうではなかった。

計画されたのは、昭和四七年（一九七二）の本土復帰直後のころで、浜松町の東京モノレールをモデルにしたものだが、開業までに三〇年ほどかかっている。私が移住したときも、まだ工事は始まっていなかった。やがて工事が始まり、大きなコンクリート製の橋桁が立ち始めると、県民は車のハンドルを握りながら、「車の邪魔だ、目障りだ。あんなもの誰が乗るのかねェ」とつぶやいていた。本土に新しい鉄道ができるときとは全く違い、期待どころか、県民の関心がとても薄いのである。

さて開業当日、空を仰いでゆいレールの走るのを眺める県民の姿は、明治五年（一八七二）、文明開化の波に乗り、新橋～横浜間を初めて走った陸蒸気《おかじょうき》と呼ばれる汽車を眺め、複雑な気持ちで驚いている日本人の姿を思わせるものがあった。嬉しいとか、すてきとか言うより、妙なものができたな、という感じなのである。何しろ車社会に殴り込みをかけたようなものだから、無理もない。お年寄りや、市場のおばぁちゃんたちは、「あんな高いとこ、怖くて乗れないわけさァ」と、冷たく無関心だ。しかも路面を避けて走るから、渋滞解消には役立たないのである。車の渋滞を回避する乗物だというのが正確だったのに。

それでも私は、沖縄にもやっと鉄道ができたという嬉しさで、すぐに新線初乗りを楽しんだ。何より景色がとてもいい。最近の新線開業は、地下鉄か、トンネルや切り通し、防音壁ばかり続くつまらない路線が多いので、久々のヒットだと思った。ただ、モノレールといえば、上野動物園のをはじめ、遊園地の乗物という印象が強い。果たしてこんな方式の軌道が、車社会の沖縄に受け入れられるだろうかと、少し心配であった。

平成一六年（二〇〇四）三月二四日には、私がNHKの「視点・論点」に出演し、「沖縄に電車を」という題で一〇分間の話をした。全国に沖縄のゆいレール開業前後の状況を知らせた上で、さらに現代型路面電車も走らせたいと訴えた。

ところが開業から一〇年余り、ゆいレールは思わぬ展開を見せた。観光客に大人気で元気に走り続けているのである。那覇空港駅から首里駅までの一二・九キロを約三〇分で結ぶが、直線でなく、急なカーブとアップダウンを繰り返し、目指す首里の丘へと登っていく。二両一組の短い列車が可愛く、都会の長い電車を見慣れている本土の観光客にとっては、とても目新しいのである。歴代の社長をはじめ従業員の企業努力も見ていて判る。駅ごとに異なっていて楽しい獅子に似た守り神の「シーサー」の置物や、壁面を飾る「アートガラス」、日本最南端赤嶺駅と最西端那覇空港駅のモニュメント、観光客に受けている二四時間有効の一日フリー乗車券、各駅ごとに違う曲が流れる車内の沖縄民謡など、ひと味変わった魅力があるのだ。「ＯＫＩＣＡ」というＩＣカードも取り入れた。車内のロングシートも、観光客の大型旅行カバン持ち込みが多いので、かえって評判がいい。地元客向けには七〇歳以上の那覇市民を土日祝日に三〇〇円フリーで優遇する「がんじゅう一日乗車券」もある。

人気の秘密はもう一つ。那覇の街はいろいろな要素が混じって、テーマパークのような面白さをもっている。現在の沖縄の中に、琉球、日本、中国、東南アジア、アメリカ、太平洋や南米などの香りが漂い、チャンプルーというゴチャ混ぜの文化が花開いているところだ。東シナ海、基地、マングローブの川、花ブロックを使った建築、壁に直接書いた看板、祈りの深い森、亜熱帯の植物などを見ながら、琉球王朝を偲ぶ宮殿のある首里の丘へと登っていく。まるでディズニーランドを思わせるではないか。世界の遊園地で活躍するモノレールの特性が、ここでは見事に活かされたのである。ゆいレールは、観光路線というより立派な観光施設になっている。ある旅行サイトの評価で、那覇は世界六位の人気上昇観光都市に選ばれたそうだ。沖縄を訪ねたら、ぜひ乗っていただきたい。窓も広く大きく、運転席うしろの特別席がおすすめである。夜も最後部は眺められる。

それにつけても、地元住民の利用は決して多くない。私の周りにもまだ乗ったことがない人が沢山いる。前よりは通勤や通学に使う人が増え、ラッシュ時にはそれなりに混雑するようになったが、私に言わせればまだまだである。異常な車社会の風土では、駅まで歩くという発想も生活習慣も全くないからである。定時定速運転もあまり目玉になっていない。時が緩やかに流れ、遅れることを気にしない土地柄だからか。首里駅から浦添《うらそえ》市方面に路線を延ばす工事も始まっているが、車から公共交通へどう乗り換えてもらうか、知恵と工夫が欲しいところだ。

ゆいレールの話をもう少し続けよう。那覇空港駅から路線沿いに歩いて約一〇分、車庫の隣にある本社敷地の一角に、「ゆいレール展示館」が建っている。ゆいレール関係だけでなく、戦前の沖縄の鉄道や、本土の鉄道、海外の鉄道なども展示され、立派な資料館である。

ここの二階は「ゆたかはじめ鉄道コレクション」が中心になっているが、そのいきさつはこうだ。ゆいレール初代社長の湖城英知《こじょうひでとも》さんから、「沖縄は鉄道に関心が薄いので、その楽しさを県民に知ってもらおうと企画した。協力していただけないか」と熱心に懇願されたのである。そこで私の東京宅にあった鉄道グッズ数百点を、全部ここに寄贈したのである。ただ、家に取り付けてある客車コーナーと、信号機だけは残した。

私は乗り歩きが中心だったから、鉄道グッズを自分から集めようとしたことはなく、そのほとんどは、親戚、友人、鉄道関係者から頂戴したものである。私が汽車ポッポ好きというだけで、「自分が持っているより、あげるから大事にしてください」と言われる。不思議なもので、モノの方から集まってくるのだ。東京の自宅に保存しておくだけではもったいない。見てくださる方も限られるし、いずれ次の代になれば散逸してしまう。むしろこの際、鉄道に縁の薄い沖縄の皆さんのお役に立つならばと考えて、協力を決断したのであった。

中には、沖縄に移住する際、法曹レールファンクラブの皆さんから贈られた「特急なは号」のNゲージ模型のように、手放したくない宝物もあった。このクラブは、私が東京高裁で定年を迎える直前に作った、判・検事、弁護士の現役・OBを会員とする鉄道愛好会で、私が会長に当たる「指導運転士」を勤めたご縁がある。法律から手を引いたのに、これだけはまだ会員で、「普通乗車券運賃」という会費を払い、「臨時列車運転」と名付けた見学会にもときどき参加し、年一回発行する雑誌に投稿を続けている。

展示館案内のチラシを掲げておこう。

ゆいレール展示館案内

ゆたか　はじめ 記

《一階》ゆいレールについて展示しています。

ホールでは、建設工事の進み方などを映像でお見せしています。また一五の各駅ごとに、その場所にちなんだ写真と説明を加え、那覇がテーマパークのように面白い街だと教えてくれます。「ゆいレール一日フリー乗車券」で歩き回ってください。ゆいレールの模型、開業当時のゼッケン、表彰状などの展示、日本各地にあるモノレールの紹介もあります。このほか、日本最南端の赤嶺駅と、最西端の那覇空港駅の資料など見落とせません。日本最北端稚内《わっかない》駅と、どれだけ離れているでしょうか。

《二階》沖縄・全国の鉄道について展示しています。

むかし那覇を走った路面電車と、沖縄県営鉄道ケイビンのレールは、沖縄の宝物です。ケイビンをカラーで描いた松崎洋作さんの作品一〇枚はメルヘンの世界、戦争で破壊されるまで、沖縄にもこんなかわいい汽車ポッポが走っていたんですよ。

昭和五八年に消えた沖縄県南大東島のキビ列車、沖大東島（ラサ島）の鉄道風景、沖縄海洋博の会場で走った新交通システムの写真なども展示してあります。

また、平成二〇年まで本土を走っていた特急「なは」号のヘッドマーク、C62型、C57型など蒸気機関車のナンバープレート、ケイビンや海外鉄道時刻表は、目玉の寄贈展示品です。

中心は、ゆたかはじめが寄贈した鉄道コレクション数百点です。明治二八年の縦書き鉄道時刻表、タブレットや行先板などの鉄道グッズ、新幹線のレールの一部、昭和初期の0ゲージ鉄道模型、世界の鉄道ピンバッジ、記念切符に鉄道切手、さまざまな鉄道おもちゃ、駅弁や汽車土瓶、新型路面電車LRT写真などが展示してあります。ぜひ見て欲しいのは、新幹線が博多まで伸びたとき、博多人形師が作った新幹線形の土鈴です。琉球張り子のゆいレールとともに、どこに展示してあるか判るかな～。

パソコンコーナーでは、ゆいレールをデザインして楽しんで下さい。

ゆいレール八景

ゆたか　はじめ　選

沖縄県の浦添市美術館に、葛飾北斎の描いた版画「琉球八景」が収められている。北斎は琉球に来たことはないが、中国の書物の挿絵や話などを聞いて、想像で描いたものという。「泉崎夜《いずみざきや》月《げつ》」「臨海湖声《りんかいこせい》」「粂村竹籬《くめむらちくり》」「龍洞松濤《りゅうどうしょうとう》」「筍崖夕照《じゅんがいせきしょう》」「長虹秋霽《ちょうこうしゅうせい》」「城嶽霊泉《じょうがくれいせん》」「中島蕉園《なかしましょうえん》」の八風景だ。ケイビン鉄道那覇駅のあった辺りを描いたのが中島の絵で、描かれた岩は、今でも旭橋駅近く、昔ケイビン那覇駅のあった市外バスターミナルの中に「仲島の大石《ゆふいし》」として残っている。

私はゆいレールの楽しさを、地元の人たちにも知って欲しいと思い、この琉球八景にちなんで「ゆいレール八景」をおすすめポイントとして選んでみた。人それぞれ見方も違うので、自分なりの八景を見つけ出し遊んでみたらいかがだろう。

一　【万国津梁】（ばんこくしんりょう）　那覇空港駅改札口の正面

　大交易時代、船で世界の架け橋となる琉球人の心意気と躍動を描いたステンドグラスが美しい。儀間比呂志作。日本鉄道特別賞を受賞。

二　【最南端駅】（さいなんたんえき）　赤嶺駅前広場から見上げる

　日本最南端駅を示す琉球石灰岩の碑。最北端稚内《わっかない》駅からは二五〇〇キロ。那覇空港行き電車の停車中がシャッターチャンス。

三　【漫湖曲走】（まんこきょくそう）　奥武山公園～壺川駅間の車窓

　漫湖・国場川の上を大きくカーブするスローコースター気分。沿線一のハイライト。沖宮《おきのぐう》本殿左裏手にある

ゆいレール「県庁前」駅舎、ゆいレール八景の一つ
（平成27年２月、著者撮影）

高台からの眺めもいい。

四　【飛翔幻想】（ひしょうげんそう）　県庁前駅舎　沖縄銀行本店前から見る

羽を広げた南国風の珍しい駅舎。琉球人初の快挙「飛び安里《あさと》」が空を飛んで成功した人力飛行機（一七八七）の翼を思わせる。

五　【一哩跨橋】（いちまいるこきょう）　牧志駅下の国際通りから見上げる

戦後奇跡の一マイルとして発展した国際通りを跨《また》ぐのはここだけ。日曜トランジットモール中の車道中央から見よう。一瞬可愛い顔を見せる。

六　【昇龍青天】（しょうりゅうせいてん）　市民病院前〜儀保駅間車窓・末吉宮からの遠望

コンクリート民家の街並の中、亜熱帯の森末吉公園を背景に急勾配を登る姿は龍が天に昇るよう。登りがきつい末吉宮から遠望もいい。

七　【海陸一望】（かいりくいちぼう）　儀保駅ホームからの眺望

首里・那覇・東シナ海・慶良間《けらま》諸島が一望できる。琉球国王も冊封使も味わった気分。空も街も金色に染まる夕陽のころが美しい。

八　【王宮朱飾】（おうきゅうしゅしょく）　儀保〜首里駅間の車窓

首里城は戦うための城ではなく宮殿。昼間もいいが夜がおすすめ。ライトアップに赤く浮き出る。月でも出ればそれこそ最高。

4号車　トラムの走る街に

沖縄に電車を走らせたい。そういう私の呼びかけに賛同して下さる方も少しずつ増えてきた。「トラムで未来をつくる会」もできて、会長の富本実さんはじめ、熱心な方々が活動を始めた。でも私自身、欧米の新しいＬＲＴや、現代型路面電車トラムについて、知識として知ってはいても、まだ実際に見たことも乗ったこともない。あの欧米公務出張中、ドイツのカールスルーエをはじめいろいろな街で、路面電車が活き活きと走っているのを見たり乗ったりしてはいるが、何しろ三〇年も前のこと。現役中は海外に遊びに行けなかったからである。これでは呼びかけるにしても迫力に欠ける。

そこでとりあえず、平成一二年（二〇〇〇）、スイス、ドイツ、フランスのＬＲＴトラムの状況を、夫婦で視察に出掛けた。チューリヒ、フライブルク、ストラスブールの三都市を選んだのは、それぞれ特色のある活躍をしていると聞いていたからである。どの街にも数日間は滞在し、タクシーはほとんど使わずに、トラムと呼ばれる現代型路面電車を乗り回した。これも乗り歩きである。どこの街も都心部の商店街や大通りに車の姿がなく、大勢の歩行者で溢れるほど賑わっていた。その中をすてきなデザインのトラムが、音も静かにスイスイと走っていく。付き添いなしの車イスを始め、体の不自由な人、お年寄り、ベビーカー、買物カート、自転車からペットのワンちゃんまで、床の低い電車に笑顔で乗り降りする姿を目の当たりにして、想像していた以上の感動を覚えた。

中でも、街なかに一切車を入れないストラスブールの最新型トラムは、写真で知っていた以上におしゃれな感覚であったが、何と「チンチン」と音を立てて発車するのである。警笛に代わる優しい音だというが、昔のチンチン電車を思い出して、ちょっとおかしかった。

たまたま、私たち夫婦の視察を知ったテレビキャスターの玉城《たまき》朋彦さんが、「折角の機会だから、カメラマンと同行取材させてくれないか。トラムがどういうものか県民に映像で紹介したい」と言ってきたので、道中をご一緒した。玉城さんは、初めて現代型路面電車トラムが街を走る姿を見て、目からウロコが落ちたと言ってくれた。撮影した映像は、平成一二年（二〇〇〇）一〇月、ＱＡＢ琉球朝日放送から三〇分番組として三回にわたり連続放映された。私の素人ビデオと違い、プロの目でとらえたトラムの鮮明な映像は、県民に新しい時代の都市交通と街づくりを強く印象づけたことだろう。ほかのテレビ局がまだこんなトラムの映像を流すことが少なかったころのことである。私もその年の暮には、『沖縄に電車が走る日』（ニライ社）という本を出した。

その後も、欧米や東南アジアの国々に出掛けたときには、なるべく鉄道に乗るようにした。とりわけトラムには乗ることを心掛けている。トラムで移動すると、乗客の姿を通じて、その街の暮らしの一端を垣間見ることができるので、とても興味深い。観光バスやタクシーでは、なかなかそこまでの市民気分を味わうことができないのである。

オーストリアのウイーンでは、あれほどの大都市で地下鉄もあるのに、なお活き活きとひっきりなしに路面電車が街を走っていた。新旧両タイプのトラムが入り混じってやってくる。車内には買物に気軽に出かけるお年寄りや主婦の姿があり、何だかワルツの調べも聞こえてくるような楽しさだ。チェコのプラハでは、ウイーンと同じように新旧両タイプの路面電車が行き交い、宮殿のある緑の丘に登るトラムには観光客が沢山乗っていた。ふと首里城公園に登る観光バスの群れと排気ガスを思い起こした。ドイツのドレスデンには、フォルクスワーゲンの工場がある。さぞかし街に車が溢れていると思いきや、車の姿は少なく、美しく古い街並みの中をすてきなデザインのトラムがスイスイと走っていた。ベルリンでは、大勢の子供たちが六両編成のトラムに乗って遠足にお出かけであった。

ニューヨークを訪ねたときには、まず広大豪華なグランドセントラル駅の風景に圧倒された。集まるニューヨーカーの心のよりどころになっているのが伝わってくる。地下鉄は昔と異なりすっかりきれいになり、誰もが安心して乗れるようになっていた。車の渋滞がひどいだろうと思っていたのに、それほどでもないのは意外であった。地下鉄のほか、Aライン線、ニューアークや

自転車のまちドイツ・ドレスデンの新型路面電車（平成21年７月）

ホボケン辺りに行く近郊電車などを、たっぷり一日乗り回したが、バスを含む公共交通がすみずみまで充実している。これが車の都心への乗り入れを抑えているのであった。

マンハッタンの向かい、ハドソン川の対岸にあるジャージーシティで、たまたま本格的なＬＲＴを見つけたときには嬉しかった。トラムが堂々と、車を尻目に街なかから郊外まで走っているではないか。ベビーカーも自転車も乗っている。しかも近畿車輌という日本製の車両である。街なかを出ると、風を切るほどのスピードで走り、住宅地とを結んでいる。車社会のアメリカでもここまで来たか、の感を深くした。

中国を含むアジアは一般に、高速鉄

道、地下鉄、新交通システムなどのほうが普及し、路面電車トラムはまだまだと言われる。街にバイクが溢れているのも、その表れだろう。しかし大連や天津などにはトラムがあり、北朝鮮のピョンヤンでは、本格的なLRTトラムが走っているという。私は行ったことがないが、ストラスブールに同行した玉城朋彦さんは、ピョンヤンを訪ねて実際に見てきたと、土産話を聴かせてくれた。

香港の二階建て古典路面電車は有名で、観光路線にもなっているが、これとは別に、近郊の新興地区、屯門《チュンムン》を訪ね、東南アジアでは数少ない本格的なLRTを見てきた。高層マンションが建ち並ぶ住宅都市の屯門には網の目のようにトラムが走り、少し離れた古い賑やかな商店街をもつ元朗《ユンロン》とを高速で結んでいる。屯門からの買物客を大勢乗せて快調に走っていた。乗り心地もいい。この電車は漢字で「軽便鉄路」と書いている。まさにケイビン、ライトレールではないか。最近、台湾の高雄でもLRTを導入する研究が始まったそうだ。

日本にもLRTやトラムを取り入れようとする動きが出てきた。戦前は全国各地に路面電車が走っていたが、次々に廃止された。長崎、鹿児島、松山、高知、堺、豊橋など約二〇都市に残るだけとなり、長い間肩身の狭い思いをしていたが、車の氾濫や環境問題、福祉の面から、改めて見直されてきた。熊本がまず現代型の床の低いトラムを走らせた。広島はヨーロッパ並みの本格トラムを取り入れ、市内から少し離れた観光地宮島までをかなりのスピードで結んでいる。新型トラムは、その後、岡山、鹿児島、札幌、高岡、都電荒川線や阪堺電車などでも見かけるようになった。グリーンムーバー、MOMO、リトルダンサー、ふくらむ、アイトラムなどと、呼び方はいろいろだが、線路は古くても、新しいデザインのトラムが街を走ると、みんなの目を引く。乗ってみようかな、という気持ちにもなってくる。

鹿児島ではユートラムという路面電車が走る都心部のレール敷を全部緑の芝生にしている。環境を守り、車から電車への乗り換えを進めているのだ。道路が美しく、乗っていても気持ちがいい。芝生は、ヨーロッパではよく見かけたが、日本では珍しい。これは熊本や高知でも始めたという。環境保全や、定時運転の実現にも役立っている。

街づくりにトラムを活かしたLRTを、初めて日本で実現させた富山市の森雅志市長の熱意と努力には頭が下がる。ポートラムやセントラムと呼ぶ新型トラムが市内を走り回っている。路線バスとも結節させたコンパクトシティ、車に頼らなくても歩いて暮らせる街の構想は、これからの街づくりの手本になるだろう。まだ一部にとどまるが、これでお年寄りの外出がグンと増えたという。

森市長をはじめ多くの専門家を沖縄にお呼びして講演会やシンポジウムも開いた。「路面電車ルネサンス」という言葉を創り出し、その題名で本を出した宇都宮浄人《きよひと》さんや、世界のLRTに詳しい古池《こいけ》弘隆さんからもいろいろ教えていただいた。古池さんの最近の情報によると、地元宇都宮のLRT構想が本決まりになり、いよいよ動き出すことになったそうだ。私もほかの都市との連携が必要と、宇都宮、堺、神戸などにも出向いて講演をしてきた。テレビで、外国の都市にトラムが走る姿を見ると、何となくその街の歴史や風格が伝わってくる。車が溢れ、排気ガスで大気の汚れている街と比べると、はるかに格調が高いのである。沖縄の異常なほどの車社会を何とかしたい。お年寄りや車に頼れない多くの住民のためにも鉄道が欲しい。島の規模や風土を考えると、やはり現代型路面電車トラムがいい。

平成二二年（二〇一〇）一一月には、沖縄で三日間にわたり、東京の鉄道総合研究所と交通安全環境研究所が主催する「第四回LRT国際ワークショップ」が開催された。フランス、ドイツ、スイス、韓国など海外の研究者をはじめ、全国から多くの参加者が集まり、実のある発表や討論を展開した。私も基調講演を担当した。主催者は、車社会の沖縄であえて開催することに意味がある、と述べてくれた。平成二四年（二〇一二）七月には沖縄国際大学で、「交通権学会」の全国研究大会が二日間にわたり催されたので、私もここで「公共交通と公平」というテーマで講演をした。

こんな呼びかけに応えて、沖縄県内の市町村でも路面電車トラムを導入しようという動きが活発になってきた。中でも、那覇市のベッドタウンとして人口増加中であり、ケイビンの発祥地である与那原町は熱心で、平成二六年（二〇一四）には、ケイビン開業一〇〇周年記念事業として旧与那原駅舎を見事に復元完成させた。ケイビン資料館として公開もしている。これをはずみにして、那覇と与那原間にニューケイビンのトラムを実現させようと意気盛んである。

沖縄県鉄道與那原駅の復原駅舎（平成27年１月、著者撮影）

　トラムの会合では、参加者からよく、「トラムでなくても、路線バスを充実させればいいではないか。」という声を聞く。もっともなことで、数多くの都市や、渋滞の少ない郊外では、バスは住民の大切な足になっている。

　沖縄でも、那覇～名護間の高速バスならもっと充実させることができる。昭和五五年（一九八〇）ころの名護行き路線バスは一二分間隔で、トイレもついていた。しかし車の多い街なかでは、渋滞に巻き込まれてなかなか役目を果たせない。路線バスは、系統図があっても路線が判りにくいものだ。初めて訪ねる都市のバスは怖くて乗れないではないか。路面電車は地図にはっきり路線が記載されるから、観光客をはじめ、初めての利用者や慣れない人にも判りやすい。ここは一つ路面電車トラムにまかせ、路線バスはなるべく地域回り、コミュニテイに力を入れたらどうだろう。もし路面電車に押されるのがいやなら、バス会社自身がトラムの経営に乗り出し、バスと電車の相互乗り換えを含む交通体系を作り上げたらどうか。

公共交通のプロであるバス会社は、それくらいの意気込みを持って欲しいものだ。

沖縄県もここにきて、ようやく思い腰をあげ、鉄道の導入に前向きとなってきた。でも県が考えているのは、那覇と名護を時速一〇〇キロ、一時間で結ぶ南北縦貫高速鉄道である。全体の七割以上が地下となるので、建設費用を抑えるためリニアモーターを使う小型の電車にする、これで沖縄市から県庁までスイスイ二〇分で通勤できる、というのである。一見いかにも現代にふさわしい華やかな構想に見えるが、大半が暗いトンネルの続く地下鉄になることは、あまり知られていない。


沖縄に来て本土の鉄道を眺めると、かえっていろいろなことが見えてくる。昨今、本土の鉄道は、スピードばかりを追い求め、海外の高速鉄道と競い合っている。経済大国のスピード戦争と言いたいくらい。上海《シャンハイ》の、世界初のリニア高速鉄道にも乗ってみたが、看板のスピードも時間帯を限り走っているのが現状だ。新幹線は、莫大な費用をかけて日本のすみずみにまで伸びていく。スピードアップを重ね、先ごろも東京~大阪間を三分短縮した。でも三分早く着いたからといって、どれだけ暮らしに役立つのだろうか。時速三〇〇キロでもまだ遅いと、もっと速い時速五〇〇キロのリニア中央新幹線まで作ろうとしている。しかもそのため、莫大な費用をかけて山を崩し、トンネルを掘り、橋を架け、地下に潜り、街を分断する。この狭い日本、どうしてそんなに急ぐのだろう。

その一方で、在来線が切り捨てられ、地域住民の暮らしを支えるローカル線がないがしろにされる。沖縄の高速地下鉄道構想も、本土の真似をして自然を破壊し、小さな島に一本のミニ新幹線を走らせるようなものだ。本土とは規模も生活習慣も違う。車にドップリ浸かった住民が、駅まで行ってわざわざ乗り換えるだろうか。そのまま車で行ったほうがずっと便利ではないか。観光客だって、外の景色を眺めながら走りたいに違いない。市場のおばぁちゃんたちは、ゆいレールよりもっと怖がることだろう。戦争を知る世代には、トンネルというと、どうしても防空壕やシェルターのイメージがつきまとうのである。

地下鉄は巨大都市では役に立つが、中小都市には向いていない。路面を避けて走るから、渋滞解消には役立たない。バリアフリーにも限度がある。北欧ストックホルムの地下鉄は、各駅が現代アートの美術館のようで楽しかったが、一般的には、お年寄りや体の弱い人にはきつい乗物である。鉄道に乗り慣れている私でさえそう思うのだから。階段がなく、水平に動くエレベーターとして楽に乗り降りできる現代型路面電車トラムのほうが、ずっと便利なのである。道路さえあればレールが敷けるし、建設費が安く、小回りもきく。街なかの路上に堂々と乗り入れできるのは、街のデザインともいわれる路面電車トラムしかない。お役所言葉でよく使う、利便性、採算性、快適性、効率性、渋滞解消、高齢者福祉、環境保全、地域活性化、滞在型観光、どれをとっても、路面電車は他の鉄道にひけを取らないのだ。

沖縄には古来「ンマハラセー」という、風土に根ざした琉球競馬があった。これは速さを競うのでなく、足並みや、走る姿の美しさを競うもので、他に例がないといわれている。戦前の沖縄には、小さくて優しい在来馬が沢山いて、馬車鉄道や砂糖キビトロッコを引いて活躍したが、戦争中軍馬に徴用され、馬車鉄道も競馬も消えていった。競馬は最近復活したが、賭けごととは違う、のどかで優しい気分が会場に満ち溢れていた。世界の鉄道がスピードばかり競い合う風潮の中で、せめて沖縄には、風土にふさわしい優雅な鉄道を走らせるのもいいではないか。トラムはこれに十分応えてくれる。

トラムは物流にも使える。貨物電車「カーゴトラム」も走らせ、物流や宅配、ゴミの収集などにも使おう。すてきな車両を動く広告塔にして、沖縄の県産品や泡盛などもどんどん運んでもらうのだ。貨物電車は戦前の東京市電にもあったのを覚えている。

新幹線で世界をアッと言わせたほど、日本の鉄道技術の水準は高い。路面電車トラムの技術もまた最高水準と言われている。かなりのスピードも出せる。現にアメリカのボストン、ダラス、シアトルなど数都市には、日本製のトラム車両がすでに何百両も走っており、自動車の街ロサンゼルスにも近く進出する勢いである。路面電車のこんな技術の粋を、規模の手ごろな沖縄で活かさない手はない。沖縄は、島全体が人口の密集した地域社会であり、公共交通も、都市間交通より地域交通としてとらえたい。

といっても、「街なかを電車が走れば車の邪魔になり、渋滞がもっとひどくなる」と心配する人がいる。でもそれこそがまさに狙いなのだ。かつて車の邪魔になるといって路面電車を次々に廃止したことを思い出して欲しい。今度は逆に、公共交通であるトラムを時間通り走らせるため、思い切って車の通行を規制するのである。

「車の通行を規制するなんてとんでもない」沖縄ではそう思っている人が多い。警察も手をつけたくないだろう。でも、もともと道路は公共のもので、車だけが独占するものではないはずだ。車はこれからますます増えるし、渋滞もひどくなる。そんな状態をいつまでも続けるのとどっちがいいだろう。国際通りのトランジットモールだって、やればできるではないか。

違反者から強制的に罰金や税金を取るやり方もあるが、なるべくなら運転者の気持ちを変えて、公共交通に乗り換えるように仕向けるのだ。そのための工夫と知恵を絞ろう。道路状況と場所に応じ、車の乗り入れを全部または一部禁止する、規制や禁止に時間帯を設ける、トラムのレール敷部分をでこぼこの石畳にする、レール部分の境に花のプランターを置く、レールの敷地を緑の芝生にする、信号機を全てトラム優先にする、都心部の駐車料金を少し高めにするなどなど。路面電車トラムはこういった車の交通規制が一番やりやすい乗物である。警察だって、溢れる車を何とか規制したいと内心思っているに違いない。バスレーンを増やすといった程度ではもうまかなえなくなってきている。

渋滞に悩まされる世界の都市では、みんなその困難を乗り越えてトラムを走らせ、市民に喜ばれている。都心を走る車が明らかに少なくなり、お年寄りの外出や、歩く人の数が増えているのだ。交通規制がいやだからといって、地下鉄に逃げるのでなく、車社会をどうするか、といった気構えを持って欲しい。

路面電車トラムは、郊外に出れば「トラムトレイン」としてスピードを活かし、本島南北縦貫鉄道の役割も十分果たせる。北部は名護どころか、美ら海水族館まで結ぶことだってできるし、史跡や観光地に恵まれながら通勤渋滞の激しい南部一帯を、網の目のように巡らせることもできるのだ。

戦火の中にケイビンを失った沖縄に、新しいケイビンともいえるライトレール、現代型路面電車トラムを早く走らせたい。トラムによって、車依存の生活スタイルを変えていくのである。そして将来はLRTネットワークを張り巡らせ、この南海の小さな島を路面電車王国にし、環境破壊と高齢化が進む日本のモデル地区にしたい。夢はどんどん広がっていく。

鉄道と共に昭和を乗り歩いてきた私は、沖縄に長く住むうち、いっそう戦争のおろかさを感じるようになった。戦争になれば必ず一般住民が巻き込まれる。負けることだってある。どんな理屈をつけようと、住民の命を奪い、暮らしや文化、鉄道から人の心まで破壊する戦争は、もうご免だ。鉄道が軍事物資を運ぶようになったらおしまいである。鉄道は常に住民の暮らしを守る平和の象徴であって欲しい。昨今の日本、何だか暗いトンネルの時代にスイッチバックしつつあるような気がしてならないのだが。

鉄道の楽しみはもう十分、と思っていたシニアの私に、また鉄道への思いがムラムラと燃え上がってきた。かつて「汽車ポッポ判事」と言われた私は、ここにきて「路面電車のゆたかさん」とか「トラムのおじさん」と呼ばれている。こういうのは「乗り鉄」でなく何というのだろう。街に鉄道を走らせようと呼びかけるから「まち鉄」か「呼び鉄」かな。鉄道ライターの原口隆行さんは著書『鉄道学のススメ』の中で、こんな私の行動を「新・都市交通学」と名付けてくださっている。そんな格調の高いものではないが、鉄道ファンとして、こういうジャンルがあってもいいではないか。

鉄道は、ただ人や物を運ぶ道具でもなければ、単なる技術開発や土木工事でもない。風土に根ざし、人の心を運び、暮らしに役立つ「生活文化」である。公共交通は、住民みんなで考え、作り、育てていくものだとつくづく思う。

激動の昭和を生き抜いた鉄道シニア、これからの人生乗り歩きはどこまで、どんな形で続くのだろうか。

あとがき

東京高裁でご一緒した元判事で、それ以来音信も途絶えていた慶応義塾大学法学院教授の原田國男さんが、昨年突然、「世界」九月号（岩波書店）に、私の現役時代の遊びぶりと仕事ぶりを紹介してくださった。

これを読んだ弦書房の小野静男さんが、「ゆたかさんの判事生活と、鉄道を通じて体験した戦争を描いてみませんか」と持ちかけてきたのである。

宮脇俊三さんの名著「時刻表昭和史」をはじめ、鉄道回顧本は沢山あるが、体験はそれぞれ別である。昔の鉄道を知る人もだんだん少なくなってきた。判事という職にありながら鉄道を乗り歩き、仕事と趣味を両立させてきた私も、言われてみれば珍しい生き方であろうか。そこで家族を含めた戦前から戦後にかけての鉄道と戦争の体験を、思い出風に語ってみた。記憶によるものも多いから、正確さを欠くのはお許しいただきたい。

戦後七〇年、原爆救援列車の資料を提供してくださった横手一彦さんや桃坂豊さん、長崎原爆資料館、沖縄キリスト教学院大学図書館の皆さん、てだこネットの飯塚章さんらのお世話になりながら、家内石田慶子の健康管理に支えられ、また一つ、変わった鉄道本が生まれた。

二〇一五年五月

ゆたか　はじめ

著者略歴

ゆたか　はじめ（本名　石田穣一）

一九二八年東京生まれ。エッセイスト。最高裁調査官、最高裁経理局主計課長・同総務課長、東京地裁判事、那覇地裁所長、宇都宮家裁所長、東京高裁判事、福岡高裁長官などを勤めた。全国の鉄道を完乗している。一九九三年、東京高裁長官を定年退官後沖縄に移住。

《主な著書》

『沖縄の心を求めて』おきなわ文庫・ひるぎ社（一九八四）

『自分を輝かせてみませんか』ボーダーインク（一九九七）

『沖縄に電車が走る日』ニライ社（二〇〇〇）

『沖縄・九州鉄道チャンプルー』桃坂豊と共著 弦書房（二〇〇八）

『広田弘毅の笑顔とともに《私が生きた昭和》』弦書房（二〇一〇）

『沖縄の鉄道と旅をする』沖縄タイムス社（二〇一三）

汽車ポッポ判事の　鉄道と戦争

二〇一五年五月三〇日発行

著　者　ゆたか　はじめ

発行者　小野静男

発行所　株式会社　弦書房

〒810-0041
福岡市中央区大名二―二―四三
ELK大名ビル三〇一
電　話　〇九二・七二六・九八八五
FAX　〇九二・七二六・九八八六

印刷・製本　シナノ書籍印刷株式会社

落丁・乱丁の本はお取り替えします。

ISBN978-4-86329-117-1 C0021

◆弦書房の本

沖縄・九州鉄道チャンプルー

ゆたかはじめ・桃坂豊 沖縄に鉄道を、九州に特急なは号の復活を願って——。鉄道好きで知られるふたりが、時を忘れて語り合い綴った鉄道ゆんたく（おしゃべり）を、たくさんの写真とともにお届けする味な一冊。
〈A5判・160頁〉**1900円**

広田弘毅の笑顔とともに
私が生きた昭和

ゆたかはじめ 戦前、父が広田弘毅の総理大臣秘書官を勤めたころのことを中心に、昭和という時代と、身近に接した外交官広田弘毅の姿を語ることで、今を生きる私たちに、戦争と平和の意味を静かに問いかける。
〈四六判・192頁〉**1700円**

九州・鉄道ものがたり

桃坂豊 駅舎、車両、機関車からトンネル、レール、沿線、切符、そして鉄道を支える人々まで、知ってるようで知らないエピソード満載のレール・ストーリー90篇。写真約350点掲載。
〈A5判・176頁〉**【2刷】2000円**

【第35回熊日出版文化賞】
昭和の貌
《あの頃》を撮る

麦島勝【写真】／前山光則【文】 「あの頃」の記憶を記録した335点の写真は語る。戦後復興期から高度経済成長期の中で、確かにあったあの顔、あの風景、あの心。昭和二〇～三〇年代を活写した写真群の中に平成が失った〈何か〉がある。
〈A5判・280頁〉**2200円**

対論「沖縄問題」とは何か

仲里効・高良倉吉〈読売新聞西部本社文化部編〉沖縄戦、日本復帰という選択、基地依存経済、自立への道、米軍再編……沖縄を代表する論客二人が、沖縄が直面する30テーマについて激論を交わす。【付】対談「沖縄の歴史、国家、自立」
〈四六判・240頁〉**1800円**

＊表示価格は税別